DES SOCIÉTÉS
A RESPONSABILITÉ LIMITÉE

FORMULAIRE

PRÉCÉDÉ D'UNE INTRODUCTION

AVEC

COMMENTAIRE

(En notes)

De la Loi du 5 Mai 1863

SUIVI D'UN APPENDICE

CONTENANT

L'EXPOSÉ DES MOTIFS, LE RAPPORT DE LA COMMISSION LÉGISLATIVE, ET LA DISCUSSION
DE LA LOI AU CORPS LÉGISLATIF,

Par M. VAVASSEUR,

AVOCAT A LA COUR IMPÉRIALE DE PARIS
(Ancien principal clerc de notaire à Paris.)
Auteur d'un Commentaire de la loi du 17 juillet 1856 sur les Sociétés en commandite
par actions, et de divers travaux sur la matière des Sociétés

PARIS

A L'ADMINISTRATION DU JOURNAL DES NOTAIRES ET DES AVOCATS
52, RUE DES SAINTS-PÈRES, 52

1863

DES SOCIÉTÉS

A RESPONSABILITÉ LIMITÉE

PARIS. — IMPRIMERIE DE E. DONNAUD,
9, RUE CASSETTE, 9.

DES SOCIÉTÉS

A RESPONSABILITÉ LIMITÉE

FORMULAIRE

PRÉCÉDÉ D'UNE INTRODUCTION

AVEC

COMMENTAIRE

(En notes)

De la Loi du 5 Mai 1863

SUIVI D'UN APPENDICE

CONTENANT

L'EXPOSÉ DES MOTIFS, LE RAPPORT DE LA COMMISSION LÉGISLATIVE, ET LA DISCUSSION
DE LA LOI AU CORPS LÉGISLATIF,

Par M. VAVASSEUR,

AVOCAT A LA COUR IMPÉRIALE DE PARIS

(Ancien principal clerc de notaire à Paris)

Auteur d'un Commentaire de la loi du 17 juillet 1856 sur les Sociétés en commandite
par actions, et de divers travaux sur la matière des Sociétés

---

PARIS

A L'ADMINISTRATION DU JOURNAL DES NOTAIRES ET DES AVOCATS

52, RUE DES SAINTS-PÈRES, 52.

1863

DES SOCIÉTÉS

A RESPONSABILITÉ LIMITÉE

LOI DU 5 MAI 1863

SUR LES SOCIÉTÉS A RESPONSABILITÉ LIMITÉE

PROMULGUÉE LE 23 MAI 1863

Art. 1er. Il peut être formé, sans l'autorisation exigée par l'article 37 du Code de commerce, des sociétés commerciales dans lesquelles aucun des associés n'est tenu au delà de sa mise.

Ces sociétés prennent le titre de *Sociétés à responsabilité limitée*.

Elles sont soumises aux dispositions des articles 29, 30, 32, 33, 34, 36, et 40 du Code de commerce.

Elles sont administrées par un ou plusieurs mandataires à temps, révocables, salariés ou gratuits, pris parmi les associés.

Art. 2. Le nombre des associés ne peut être inférieur à sept.

Art. 3. Le capital social ne peut excéder vingt millions de francs (20,000,000 fr.)

Il ne peut être divisé en actions ou coupons d'actions de moins de cent francs, lorsqu'il n'excède pas deux cent mille francs, et de moins de cinq cents francs, lorsqu'il est supérieur.

Les actions sont nominatives jusqu'à leur entière libération.

Les actions ou coupons d'actions ne sont négociables qu'après le versement des deux cinquièmes.

Les souscripteurs sont, nonobstant toute stipulation contraire, responsables du montant total des actions par eux souscrites.

Art. 4. Les sociétés à responsabilité limitée ne peuvent être définitivement constituées qu'après la souscription de la totalité du capital social, et le versement du quart au moins du capital qui consiste en numéraire.

Cette souscription et ces versements sont constatés par une déclaration des fondateurs faite par acte notarié.

A cette déclaration sont annexés la liste des souscripteurs, l'état des versements effectués et l'acte de société.

Cette déclaration, avec les pièces à l'appui, est soumise à la première assemblée générale, qui en vérifie la sincérité.

Art. 5. Lorsqu'un associé fait un apport qui ne consiste pas en numéraire ou stipule à son profit des avantages particuliers, la première assemblée générale fait apprécier la valeur de l'apport ou la cause des avantages stipulés.

La société n'est définitivement constituée qu'après l'approbation, dans une autre assemblée générale, après une nouvelle convocation.

Les associés qui ont fait l'apport, ou stipulé les avantages soumis à l'appréciation et à l'approbation de l'assemblée générale, n'ont pas voix délibérative.

Cette approbation ne fait pas obstacle à l'exercice ultérieur de l'action qui peut être intentée pour cause de dol ou de fraude.

ART. 6. Une assemblée générale est, dans tous les cas, convoquée à la diligence des fondateurs, postérieurement à l'acte qui constate la souscription du capital social et le versement du quart du capital qui consiste en numéraire. Cette assemblée nomme les premiers administrateurs; elle nomme également, pour la première année, les commissaires institués par l'art. 15.

Ces administrateurs ne peuvent être nommés pour plus de six ans; ils sont rééligibles, sauf stipulation contraire.

Le procès-verbal de la séance constate l'acceptation des administrateurs et des commissaires présents à la réunion.

La société est constituée à partir de cette acceptation.

ART. 7. Les administrateurs doivent être propriétaires, par parts égales, d'un vingtième du capital social.

Les actions formant ce vingtième sont affectées à la garantie de la gestion des administrateurs.

Elles sont nominatives, inaliénables, frappées d'un timbre indiquant l'inaliénabilité et déposées dans la caisse sociale.

ART. 8. Dans la quinzaine de la constitution de la société, les administrateurs sont tenus de déposer au greffe du tribunal de commerce : 1° une expédition de l'acte de société et de l'acte constatant la souscription du capital et du versement du quart; 2° une copie certifiée des délibérations prises par l'assemblée générale dans les cas prévus par les articles 4, 5 et 6, et de la liste nominative des souscripteurs, contenant les nom, prénoms, qualités, demeure et le nombre d'actions de chacun d'eux.

Toute personne a le droit de prendre communication des pièces susmentionnées et même de s'en faire délivrer une copie à ses frais.

Les mêmes documents doivent être affichés, d'une manière apparente, dans les bureaux de la société.

ART. 9. Dans le même délai de quinzaine, un extrait des actes et délibérations énoncés dans l'article précédent est transcrit, publié et affiché suivant le mode prescrit par l'article 42 du Code de commerce.

L'extrait doit contenir : les noms, prénoms, qualités et demeures des administrateurs ; la désignation de la société, de son objet et du siége social ; la mention qu'elle est à responsabilité limitée ; l'énonciation du montant du capital social, tant en numéraire qu'en autres objets; la quotité à prélever sur les bénéfices pour composer le fonds de réserve; l'époque où la société commence et celle où elle doit finir ; et la date du dépôt au greffe du tribunal de commerce, prescrit par l'art. 8.

L'extrait est signé par les administrateurs de la société.

ART. 10. Tous actes et délibérations ayant pour objet la modification des statuts, la continuation de la société au delà du terme fixé pour sa durée, la dissolution avant ce terme et le mode de liquidation, sont soumis aux formalités prescrites par les articles 8 et 9.

ART. 11. Dans tous les actes, factures, annonces, publications et autres documents émanés des sociétés à responsabilité limitée, la dénomination sociale doit toujours être précédée ou suivie immédiatement de ces mots, écrits lisiblement en toutes lettres : *Société à responsabilité limitée*, et de l'énonciation du montant du capital social.

ART. 12. Il est tenu, chaque année au moins, une assemblée générale à l'époque fixée par les statuts. Les statuts déterminent le nombre d'actions qu'il est nécessaire de posséder, soit à titre de propriétaire, soit à titre de mandataire, pour être admis dans l'assemblée, et le nombre de voix appartenant à chaque actionnaire, eu égard au nombre d'actions dont il est porteur.

Néanmoins, dans les premières assemblées générales appelées à statuer dans les cas prévus par les articles, 4, 5 et 6, tous les actionnaires sont admis avec voix délibérative.

ART. 13. Dans toutes les assemblées générales, les délibérations sont prises à la majorité des voix.

Il est tenu une feuille de présence; elle contient les noms et domiciles des actionnaires, et le nombre d'actions dont chacun d'eux est porteur.

Cette feuille, certifiée par le bureau de l'assemblée, est déposée au siége social et doit être communiquée à tout requérant.

ART. 14. Les assemblées générales doivent être composées d'un nombre d'actionnaires représentant le quart au moins du capital social.

Si l'assemblée générale ne réunit pas ce nombre, une nouvelle assemblée est convoquée; et elle délibère valablement, quelle que soit la portion du capital représentée par les actionnaires présents.

Mais les assemblées qui délibèrent :

Sur l'objet indiqué dans l'article 5,

Sur la nomination des premiers administrateurs, dans le cas prévu par l'article 6,

Sur les modifications aux statuts,

Sur des propositions de continuation de la société au delà du terme fixé pour sa durée, ou de dissolution avant ce terme.

Ne sont régulièrement constituées et ne délibèrent valablement qu'autant qu'elles sont composées d'un nombre d'actionnaires représentant la moitié au moins du capital social.

Lorsque l'assemblée délibère sur l'objet indiqué dans l'art. 5, le capital social, dont la moitié doit être représentée, se compose seulement des apports non soumis à vérification.

ART. 15. L'assemblée générale annuelle désigne un ou plusieurs commissaires, associés ou non, chargés de faire un rapport à l'assemblée générale de l'année suivante sur la situation de la société, sur le bilan et sur les comptes présentés par les administrateurs.

La délibération contenant approbation du bilan et des comptes est nulle, si elle n'a été précédée du rapport des commissaires.

A défaut de nomination des commissaires par l'assemblée générale, ou en cas d'empêchement ou de refus d'un ou de plusieurs commissaires nommés, il est procédé à leur nomination ou à leur remplacement par ordonnance du président du tribunal de commerce du siége de la société, à la requête de tout intéressé, les administrateurs dûment appelés.

ART. 16. Les commissaires ont droit, toutes les fois

qu'ils le jugent convenable, dans l'intérêt social, de prendre communication des livres, d'examiner les opérations de la société et de convoquer l'assemblée générale.

Art. 17. Toute société à responsabilité limitée doit dresser, chaque trimestre, un état résumant sa situation active et passive.

Cet état est mis à la disposition des commissaires.

Il est en outre établi, chaque année, un inventaire contenant l'indication des valeurs mobilières et immobilières et de toutes les dettes actives et passives de la société.

Cet inventaire est présenté à l'assemblée générale.

Art. 18. Quinze jours au moins avant la réunion de l'assemblée générale, une copie du bilan résumant l'inventaire et du rapport des commissaires est adressée à chacun des actionnaires connus, et déposée au greffe du tribunal de commerce.

Tout actionnaire peut, en outre, prendre au siége social communication de l'inventaire et de la liste des actionnaires.

Art. 19. Il est fait annuellement sur les bénéfices nets un prélèvement d'un vingtième au moins, affecté à la formation d'un fonds de réserve.

Ce prélèvement cesse d'être obligatoire lorsque le fonds de réserve a atteint le dixième du capital social.

Art. 20. En cas de perte des trois quarts du capital social, les administrateurs sont tenus de provoquer la réunion de l'assemblée générale de tous les actionnaires, à l'effet de statuer sur la question de savoir s'il y a lieu de prononcer la dissolution de la société.

La résolution de l'assemblée est, dans tous les cas, rendue publique dans les formes prescrites par l'article 8. A défaut par les administrateurs de réunir l'assemblée générale, tout intéressé peut demander la dissolution de la société devant les tribunaux.

Art. 21. La dissolution doit être prononcée, sur la demande de tout intéressé, lorsque six mois se sont écoulés depuis l'époque où le nombre des associés a été réduit à moins de sept.

Art. 22. Des associés représentant le vingtième au moins du capital social peuvent, dans un intérêt commun, charger à leurs frais un ou plusieurs mandataires d'intenter une action contre les administrateurs à raison de leur gestion, sans préjudice de l'action que chaque associé peut intenter individuellement en son nom personnel.

Art. 23. Il est interdit aux administrateurs de prendre ou de conserver un intérêt direct ou indirect dans une opération quelconque, faite avec la société ou pour son compte, à moins qu'ils n'y soient autorisés par l'assemblée générale pour certaines opérations spécialement déterminées.

Art. 24. Est nulle et de nul effet, à l'égard des intéressés, toute société à responsabilité limitée pour laquelle n'ont pas été observées les dispositions des articles 1, 3, 4, 5, 6, 7, 8 et 9.

Sont également nuls les actes et délibérations désignés dans l'article 10, s'ils n'ont point été déposés et publiés dans les formes prescrites par les articles 8 et 9.

Cette nullité ne peut être opposée aux tiers par les associés.

Art. 25. Lorsque la nullité de la société ou des actes et délibérations a été prononcée, aux termes de l'article 24 ci-dessus, les fondateurs auxquels la nullité est imputable, et les administrateurs en fonctions au moment où elle a été encourue, sont responsables solidairement et par corps envers les tiers, sans préjudice des droits des actionnaires.

La même responsabilité solidaire peut être prononcée contre ceux des associés dont les apports ou les avantages n'auraient pas été vérifiés et approuvés conformément à l'article 5.

Art. 26. L'étendue et les effets de la responsabilité des commissaires envers la société sont déterminés d'après les règles générales du mandat.

Art. 27. Les administrateurs sont responsables, conformément aux règles du droit commun, soit envers la société, soit envers les tiers, de tous dommages-intérêts résultant des infractions aux dispositions de la présente loi et des fautes par eux commises dans leur gestion.

Ils sont tenus solidairement du préjudice qu'ils peuvent avoir causé, soit aux tiers, soit aux associés, en distribuant ou en laissant distribuer sans opposition des dividendes qui d'après l'état de la société constaté par les inventaires, n'étaient pas réellement acquis.

Art. 28. Toute contravention à la prescription de l'article 11 est punie d'une amende de cinquante francs à mille francs.

Art. 29. Sont punis d'une amende de cinq cents francs à dix mille francs ceux qui, en se présentant comme propriétaires d'actions ou de coupons d'actions qui ne leur appartiennent pas, ont créé frauduleusement une majorité factice dans une assemblée générale, sans préjudice de tous dommages-intérêts, s'il y a lieu, envers la société ou envers les tiers.

La même peine est applicable à ceux qui ont remis les actions pour en faire l'usage frauduleux.

Art. 30. L'émission d'actions faite en contravention à l'article 3 est punie d'un emprisonnement de huit jours à six mois et d'une amende de cinq cents francs à dix mille francs, ou de l'une de ces peines seulement.

La négociation d'actions ou coupons d'actions faite contrairement aux dispositions du même article 3 est punie d'une amende de cinq cents francs à dix mille francs.

Sont punies de la même peine toute participation à ces négociations, et toute publication de la valeur desdites actions.

Art. 31. Sont punies des peines portées par l'article 405 du Code pénal, sans préjudice de l'application de cet article à tous les faits constitutifs du délit d'escroquerie :

1° Ceux qui, par simulation de souscriptions ou de versements, ou par la publication faite de mauvaise foi de souscriptions ou de versements qui n'existent pas, ou de tous autres faits faux, ont obtenu ou tenté d'obtenir des souscriptions ou des versements ;

2° Ceux qui, pour provoquer des souscriptions ou des versements, ont, de mauvaise foi, publié les noms de personnes désignées, contrairement à la vérité, comme étant ou devant être attachées à la société à un titre quelconque ;

3° Les administrateurs qui, en l'absence d'inventaires ou au moyen d'inventaires frauduleux, ont opéré ou laissé opérer, sciemment et sans opposition, la répartition de dividendes non réellement acquis.

Art. 32. L'article 463 du Code pénal est applicable aux faits prévus par la présente loi.

FORMULAIRE

PREMIÈRE FORMULE.

Acte de société.

— *Un ou plusieurs fondateurs.*
— *Capital de 6 millions, non actuellement souscrit.*
— *Actions de 500 francs.*
— *Apports contre attribution d'actions.*
— *Dispositions transitoires pour la constitution définitive de la société.*

Par-devant Mᵉ . . . . . ., etc. (1).
    Ont comparu :

1° . . . \
2° . . . } (2)
3°, etc. /

Lesquels ont établi de la manière suivante les statuts de la société à responsabilité limitée qu'ils se proposent de fonder.

TITRE I.

Objet, dénomination, siége, durée de la société.

Art. 1ᵉʳ.

Il est formé entre les comparants, et ceux qui adhéreront aux présents statuts par la souscription des actions qui vont être créées, une société à responsabilité limitée qui a pour objet l'exploitation d'une usine. . . . . .

---

(1) Il faut un acte notarié, car l'art. 1 de la loi renvoie à l'art. 40 C. com., qui prescrit un acte public.

(2) Sept personnes au moins sont nécessaires pour l'existence de la société (art. 2), mais il n'est pas nécessaire qu'elles figurent toutes dans l'acte de société; cet acte n'est le plus souvent qu'un projet de société, puisque la constitution définitive est subordonnée aux conditions de souscription, de versement, d'approbation des apports, etc. (V. *infra*, tit. xii, Dispositions transitoires). L'acte peut donc émaner même d'une seule personne; le contrat se forme ensuite par les adhésions et l'accomplissement des conditions légales.

Art. 2.

La société prend la dénomination de : *Société à responsabilité limitée* (3) de l'usine de. . . . . .

Art. 3.

La durée de la société est fixée à 20 ans à compter du jour de sa constitution définitive, qui aura lieu de la manière exprimée sous le titre XII.

Art. 4.

. Le siége de la société est à. . . . .

TITRE II.

Apports. — Fonds social. — Actions.

Art. 5.

Les comparants apportent à la société, avec la garantie de droit en cette matière,

Une usine, à usage de. . . . .
Sise à. . . . .

La société en sera propriétaire du jour de sa constitution définitive, et en sera mise immédiatement en possession.

Art. 6.

En représentation de cet apport, il est attribué aux comparants 2,000 actions sur celles qui vont être créées (4);

---

(3) Cette indication doit toujours précéder ou suivre la dénomination sociale (art. 11 de la loi), à peine d'une amende de 50 fr. à 1,000 fr. (art. 28).

(4) Si au lieu d'actions, il était remis des espèces, il serait dû à l'enregistrement un droit proportionnel de vente.

Il en serait de même si la société devait payer une somme quelconque en l'acquit des associés qui font l'apport.

Que devrait-on décider si l'apport, au lieu d'être en corps certains, comme un immeuble, un brevet d'invention, consistait en une *universalité* de biens, comme une usine avec ses approvisionnements, ses créances actives, etc., ou dans l'avoir entier d'une société venant se fusionner dans une société nouvelle?

Les titres de ces actions leur seront remis libérés aussitôt après la prise de possession des apports (5).

Art. 7.

Le fonds social (6), composé des apports en nature et du capital en numéraire, est fixé à 6 millions de francs, et divisé en 12,000 actions de 500 fr. chacun (7).

2,000 actions étant attribuées aux fondateurs, il en sera émis 10,000 contre espèces.

Art. 8.

Chaque action donne droit, sans distinction, à une part égale dans les bénéfices et dans la propriété du fonds social.

Art. 9.

Le montant des actions est payable à. . . . . :

 50 fr. lors de la souscription ;

 75   aussitôt après sa clôture (8) ;

 375   restent en réserve, et ne seront appelés que successivement au fur et à mesure du développement des opérations sociales,

---

Un droit de mutation serait-il dû, dans le premier cas, sur les dettes de l'usine, et dans le deuxième, sur les dettes de la société ? Ne devrait-on pas, au contraire, voir dans la stipulation qui mettrait ces dettes à la charge de la nouvelle société une clause inhérente à l'apport, et à ce titre affranchie du droit proportionnel en vertu de l'art. 11 de la loi du 22 frimaire, an vii ? La question est délicate ; nous l'avons traitée dans le *Journal du Notariat*, n° du 16 mai 1863, auquel nous renvoyons.

(5) Si l'apport comprenait une valeur industrielle d'une appréciation plus ou moins arbitraire, comme une invention, un achalandage, le droit à une concession, il serait souvent équitable de stipuler que la délivrance des actions n'aurait lieu « qu'au fur et à mesure et en proportion des versements appelés sur les actions payables en numéraire. »

(6) Le *fonds social* est l'ensemble des valeurs qui composent l'avoir de la société ; le *capital social* n'exprime le plus souvent que le capital en espèces.

(7) L'énonciation du capital, ou plutôt du fonds social, doit toujours accompaguer la dénomination sociale, à peine d'une amende de 50 fr. à 1,000 fr. (art. 11 et 28 de la loi).

(8) Ces deux premières fractions réunies forment le 1/4 nécessaire pour la constitution de la société (art. 4 de la loi).

aux époques et dans les proportions qui seront fixées par le conseil d'administration.

Chaque souscripteur a la faculté de payer en souscrivant le montant des deux premiers versements.

Art. 10.

Le premier versement est constaté par un récépissé nominatif qui sera, dans les trois mois à partir de la constitution de la société, échangé contre un titre provisoire d'actions, également nominatif.

Tous versements ultérieurs, sauf le dernier, sont mentionnés sur ce titre provisoire.

Le dernier versement est fait contre la remise du titre définitif d'action, qui est au porteur ou nominatif, au choix de l'actionnaire (1).

Les appels de versements ont lieu au moyen d'avis insérés dans les journaux de..... désignés pour la publication légale des actes de société.

Art. 11.

Tout versement en retard porte intérêt de plein droit en faveur de la société, à raison de 5 p. 0/0 par an, à compter du jour de l'exigibilité, et sans aucune mise en demeure.

Art. 12.

Est considérée comme non avenue, huitaine après une mise en demeure infructueuse, toute souscription dont le second versement complétant le 1er quart n'est pas fait à l'époque fixée pour son appel. Le premier versement est acquis à la société à titre de dommages-intérêts (10).

Cette clause est purement facultative pour les comparants qui

---

(9) Les actions doivent être nominatives jusqu'à leur entière libération (art. 3 de la loi).

(10) Cette clause est licite. (V. mon Commentaire de la loi du 17 juillet 1856, n° 72 et suiv.) Mais elle serait inapplicable aux versements à faire après la société constituée ; car elle tendrait à opérer une diminution du capital social, dont la souscription intégrale est une condition de l'existence de la société.

pourront, s'il le préfèrent, poursuivre le payement de la souscription par les voies ordinaires (11).

ART. 13.

A défaut de payement des autres versements à leurs échéances, la société poursuit les débiteurs et peut faire vendre les actions en retard.

A cet effet, les numéros de ces actions sont publiés comme défaillants, dans les journaux désignés sous l'art. 10; et quinze jours après cette publication, il est procédé à la vente des actions pour le compte, aux risques et périls du retardataire, sans aucune mise en demeure ni formalité judiciaire; cette vente a lieu à la Bourse de . . . . . par le ministère d'un agent de change, si les actions sont cotées, et dans le cas contraire, aux enchères publiques, en l'étude et par le ministère d'un notaire.

Les titres provisoires ainsi vendus deviennent nuls de plein droit ; il en est délivré aux acquéreurs de nouveaux sous les mêmes numéros.

Tout titre, qui ne porte pas mention régulière des versements exigibles, cesse d'être négociable.

Le prix de la vente des titres provisoires d'actions s'impute dans les termes de droit sur ce qui est dû à la société par l'actionnaire exproprié, qui reste passible de la différence ou profite de l'excédant.

ART. 14.

Les titres provisoires et définitifs sont extraits de registres à souche, numérotés, frappés du timbre sec de le société, et revêtus de la signature de deux administrateurs.

ART. 15.

Tout actionnaire peut déposer ses titres dans la caisse sociale et réclamer en échange un récépissé nominatif.

---

(11) Il est utile d'exprimer la nature facultative de la clause, que, dans le silence des statuts, les actionnaires pourraient avoir la pensée d'invoquer; ce serait, à notre avis, une prétention mal fondée (V. mon Commentaire, n° 74), mais un jurisconsulte éminent ayant soutenu l'opinion contraire (M. Troplong. — Des sociétés, n° 179), il importe d'éviter la difficulté.

La forme de ces récépissés et les droits auxquels le dépôt pourra être assujetti sont déterminés par le Conseil d'administration.

ART. 16.

La cession des actions au porteur s'opère par la simple tradition du titre.

Celle des récépissés et des titres nominatifs a lieu par une déclaration de transfert, inscrite sur les registres de la société, et signée du cédant ou de son cessionnaire (12).

Les actions ne sont négociables qu'après le versement des deux cinquièmes (13).

ART. 17.

Les actions sont indivisibles, et la société ne reconnaît qu'un propriétaire pour chaque action.

Les représentants ou créanciers d'un actionnaire ne pourront, sous aucun prétexte, provoquer l'apposition des scellés sur les biens et valeurs de la société, ni en demander le partage ou la licitation; ils sont tenus de s'en rapporter aux inventaires sociaux et aux délibérations de l'assemblée générale.

ART. 18.

Les dividendes de toute action, nominative ou au porteur, sont valablement payés au porteur du titre.

ART. 19.

Les droits et obligations attachés à l'action suivent le titre dans quelques mains qu'il passe.

La propriété d'une action emporte de plein droit adhésion aux statuts de la société.

---

(12) Ce sont les modes indiqués par l'art. 36 C. com., auquel renvoie l'art. 1 de la loi.

La cession par voie de simple endossement ne serait pas valable, l'observation de l'art. 1 étant prescrite à peine de nullité par l'art. 24. En serait-il de même dans les sociétés anonymes ou en commandite? (V. Troplong. Des sociétés, n° 146, — Comp. mon Commentaire, n° 81).

(13) Ainsi le veut l'art. 3 de la loi, à peine d'une amende de 500 fr. à 10,000 fr. prononcée par l'art. 30.

Art. 20.

Tout actionnaire qui a perdu son titre peut, en justifiant de sa propriété et de la perte du titre, se faire délivrer par la Société un duplicata non transférable du titre perdu ; toutefois les dividendes ou intérêts ne lui sont payés que cinq ans après les échéances, avec les intérêts à son profit sur le pied de 3 pour cent par an (14).

TITRE III (15).

De l'administration de la société (16).

Art. 21.

La Société est administrée par un conseil composé de douze membres (17), *nommés par l'assemblée générale des actionnaires.*

---

(14) Cette clause n'est autre chose que l'application de la jurisprudence.

(15) Pour distinguer les stipulations obligatoires de celles qui sont purement facultatives, les premières seront en *italique*, suivant ce qui est dit dans l'introduction.

(16) L'administration des sociétés à responsabilité limitée ressemble beaucoup à celle des sociétés anonymes; car les administrateurs, dans les unes comme dans les autres, ne sont responsables que de l'exécution de leur mandat, et ne contractent, à raison de leur gestion, aucune obligation personnelle ; aussi l'art. 32, C. com., leur est-il déclaré applicable (art. 1 de la loi). Il existe cependant des différences caractéristiques et qui peuvent se résumer ainsi :

1° Les administrateurs des sociétés à responsabilité limitée doivent être associés (art. 1er).

2° Ils doivent être propriétaires d'1/20 au moins du capital, pour être affecté à la garantie de leur gestion (art. 7).

3° Ils sont toujours nommés, même à l'origine, par l'assemblée générale (art. 6).

4° Ils ne peuvent l'être pour plus de six ans (même art.).

5° Ils sont responsables des dettes sociales en cas d'annulation de la société pour inobservation des formalités de constitution (art. 27).

6° Ils sont également responsables des dividendes distribués sans être réellement acquis (même art.) Mais cette dernière responsabilité incombe également, par le droit commun, aux administrateurs des sociétés anonymes (Voir la discussion au Corps législatif).

(17) Il peut y avoir, comme dans les associés anonymes un administrateur unique (art. 1er de la loi), prenant le titre de directeur. S'il y en a plusieurs, ils peuvent constituer un conseil d'administration, en déléguant les pouvoirs d'exécution :

Soit au président du conseil, agissant sous ce titre vis-à-vis des tiers,

ART. 22.

Les administrateurs doivent être propriétaires par parts égales, et pendant toute la durée de leur mandat, d'1/20 du fonds social (18), soit 600 actions ou pour chacun 50 actions.

Ces actions sont affectées à la garantie de leur gestion.

Elles sont nominatives, inaliénables, frappées d'un timbre indiquant l'inaliénabilité et déposées dans la caisse sociale.

ART. 23.

Le conseil se renouvelle *par 1/6 chaque année* (19).

Les membres sortants sont désignés par le sort.

Ils peuvent toujours être réélus (20).

ART. 24.

En cas de vacance par décès, démission ou autre cause, le conseil pourvoit provisoirement au remplacement jusqu'à la prochaine assemblée générale qui procède à l'élection définitive (21).

ART. 25.

Chaque année le conseil nomme parmi ses membres un président et un vice-président.

---

où prenant aussi le titre de directeur;

Soit à un comité d'exécution de trois membres, pouvant agir valablement à la majorité.

Nous avons dû choisir une formule organisant une administration convenable à une grande société; mais il sera très-facile d'en simplifier les rouages pour des sociétés moins importantes.

(18) La loi (art. 7) dit : du *capital social*; mais elle entend évidemment comprendre les apports sous ce mot (V. *sup.*, note 6). Il est non moins certain que les actions d'apport attribuées aux fondateurs peuvent leur servir à former ce 1/20 du fonds social.

(19) Ainsi se trouve observé l'art.

6 de la loi qui défend de nommer les administrateurs pour plus de six ans.

(20) Le contraire peut être stipulé (art. 6).

(21) Les art. 8 et 14 de la loi, quoique attribuant à l'assemblée générale la nomination des administrateurs, ne sont pas un obstacle à ce remplacement provisoire. Car, d'une part, l'assemblée ratifie cette clause et la fait sienne en procédant à l'élection originaire; et, d'autre part, ayant le droit de maintenir l'administration aux mains des seuls administrateurs restants, elle peut *à fortiori* déléguer à ceux-ci le pouvoir de se compléter provisoirement.

En cas d'absence du président et du vice-président, il désigne celui de ses membres qui doit remplir les fonctions de président.

ART. 26.

Le conseil d'administration se réunit au siége social aussi souvent que l'intérêt de la Société l'exige, et au moins deux fois par mois.

La présence de quatre membres au moins est nécessaire pour la validité des délibérations.

Les délibérations sont prises à la majorité des voix des membres présents; en cas de partage, la voix du président est prépondérante.

Si la majorité n'est pas formée de quatre membres au moins, la minorité peut demander le renvoi à une autre séance. Dans ce cas, les convocations adressées aux membres du conseil d'administration font connaître l'objet de la délibération, et dans la nouvelle séance, la délibération est prise à la simple majorité.

Nul ne peut voter par procuration dans le sein du Conseil.

ART. 27.

Les délibérations sont constatées par des procès-verbaux qui sont portés sur un registre tenu au siége de la Société, et signés par les administrateurs qui y ont pris part.

Les copies et extraits à produire en justice ou ailleurs sont certifiés par le président du conseil.

ART. 28.

Le conseil a les pouvoirs les plus étendus pour l'administration des biens et affaires de la Société; il peut même transiger, compromettre, donner tous désistements et mainlevées avec ou sans paiement (22).

---

(22) Il est assez d'usage de faire une énumération plus ou moins détaillée des pouvoirs du conseil d'administration; mais cette énumération, ayant toujours l'inconvénient d'être nécessairement incomplète, nous semble présenter plus d'inconvénients que d'avantages. Les administrateurs ont un mandat légal, dont l'étendue, comme celui du tuteur, ne peut être fixée que suivant les principes généraux du droit. Serait-il même permis de déroger à ces principes par l'acte

Il arrête les comptes qui doivent être soumis à l'assemblée générale, et propose les répartitions de dividendes.

Le président du conseil d'administration représente la Société en justice, tant en demandant qu'en défendant ; en conséquence c'est à sa requête ou contre lui que doivent être intentées toutes actions judiciaires.

Art. 29.

Le conseil peut déléguer ses pouvoirs à un comité d'exécution élu par lui conformément au titre iv, ci-après. Il peut aussi les déléguer en tout ou en partie, pour des objets déterminés et pour un temps limité, à un ou plusieurs des membres du conseil.

Art. 30.

Les administrateurs reçoivent un traitement qui est fixé de la manière suivante (23) :

de société, en ajoutant aux pouvoirs qui appartiennent naturellement et de droit commun à toute personne chargée par la loi d'administrer pour autrui ? Il est permis d'en douter. Ce sont de simples administrateurs et non des maîtres que la loi place à la tête de la société ; si elle prend le soin de limiter la durée de leur pouvoir, de l'assujettir à la révocation même sans cause légitime, *ad nutum*, si l'assemblée générale sur ces points ne peut aliéner sa liberté, la loi a-t-elle voulu permettre de concentrer dans les mains des administrateurs un pouvoir absolu, de transformer leur droit d'administration en un droit de disposition ?

Il est vrai que dans la plupart des sociétés anonymes, l'énumération de pouvoirs qui y est habituellement insérée ajoute quelque chose au droit commun, ainsi : en donnant aux administrateurs le droit de transiger, de compromettre, de consentir des mainlevées d'inscriptions sans paiement, et quelquefois d'emprunter (sur ce dernier point la question du pouvoir des administrateurs est très-controversée). La pratique ayant consacré cette extension de pouvoirs, devra-t-on se montrer plus rigide dans les sociétés à responsabilité limitée ? Nous ne le pensons pas ; car cette dérogation au droit commun est peu considérable et elle est de nature à prévenir bien des difficultés d'administration.

Au surplus, il va de soi que l'assemblée générale peut toujours, par une délibération spéciale, et pour une circonstance déterminée, donner aux administrateurs des pouvoirs exceptionnels ; mais en pareil cas la délibération, portant modification des statuts, doit émaner d'actionnaires représentant au moins la 1|2 du fonds social (art. 14 de la loi). — V. *infra*, titre X.

(23) L'art. 1er de la loi permet expressément de donner un salaire aux administrateurs. Il pourra con-

TITRE IV.

Comité d'exécution (24).

ART. 31.

Un comité de trois membres, choisis par le conseil d'administration dans son sein, est chargé de l'exécution de ses décisions.

ART. 32.

Le comité est placé sous l'autorité du conseil d'administration, et ses membres sont toujours révocables par décision du conseil.

ART. 33.

Il représente le conseil d'administration vis-à-vis des tiers, dans toutes les affaires de la société.

Tous les actes quelconques engageant la Société, tous billets, endossements, transferts et mandats doivent porter la signature d'au moins deux de ses membres.

La correspondance est également signée par deux membres du comité, à moins d'autorisation spéciale donnée par le conseil d'administration.

ART. 34.

Le comité dirige le travail des bureaux et nomme les agents secondaires de l'administration.

Il peut suspendre tous agents, sauf à en référer dans la quinzaine au conseil d'administration.

---

sister en un traitement fixe, ou en une part de bénéfices; nous donnerions de beaucoup la préférence à ce dernier mode, l'intérêt personnel devant être le stimulant le plus énergique d'une bonne administration; cependant, pour maintenir l'exactitude aux délibérations, on pourrait aussi, soit accorder des jetons de présence d'une valeur peu élevée pour ne pas faire double emploi avec le traitement proportionnel, soit imposer une amende à retenir sur cette allocation.

(24) Ce comité sera inutile quand il y aura peu d'administrateurs (V sup., note 17). — En pareil cas il peut être remplacé par le président du conseil d'administration, auquel il serait conféré des pouvoirs identiques et qui pourrait recevoir le titre de directeur.

TITRE V.

Des commissaires de surveillance (25).

ART. 35.

Il est nommé chaque année, en assemblée générale, deux commissaires (26), *associés ou non,* chargés de remplir la mission de surveillance prescrite par la loi.

ART. 36.

Ils se réunissent au siége social, *toutes les fois qu'ils le jugent convenable,* (27) *pour prendre communication des livres et examiner les opérations de la Société.*

Ces réunions doivent avoir lieu au moins une fois tous les trois mois, pour vérifier *l'état qui doit être dressé chaque trimestre de la situation active et passive de la Société* (28).

ART. 37.

A la fin de leur exercice annuel, les commissaires font un rapport à l'assemblée générale sur la situation de la Société, sur le bilan et sur les comptes présentés par les administrateurs (29).

Ils doivent remettre ce rapport au conseil d'administration, de manière que celui-ci puisse, *quinze jours avant la réunion,* adresser à chacun des actionnaires connus et déposer au greffe du tribunal de commerce une copie de ce rapport, et du bilan résumant l'inventaire (30).

ART. 38.

Il est alloué aux commissaires une rémunération dont l'imporance est fixée chaque année par l'assemblée générale (31).

---

(25) Les commissaires institués par la loi nouvelle ont leur analogie dans es sociétés anonymes autorisées, auxquelles le gouvernement peut imposer un commissaire chargé de surveiller et dénoncer les infractions aux statuts.

(26) La loi (art. 15) dit : *un ou plusieurs* commissaires.

(27) Art. 16 de la loi.
(28) Art. 17.
(29) Art 15.
(30) Art. 18.

(31) Sur le caractère de la rémunération, voir ce que nous avons dit pour les administrateurs, sup., note 23.

TITRE VI.

Des assemblées générales.

Art. 39.

L'assemblée générale, régulièrement con..tuée, représente l'universalité des actionnaires.

Art. 40.

Il est tenu une assemblée générale ordinaire, chaque année (32), dans le courant de

La réunion a lieu au siége social.

En outre l'assemblée peut être convoquée extraordinairement, soit par le conseil d'administration, soit par les commissaires (33).

Art. 41.

L'assemblée générale se compose de tous les actionnaires propriétaires de dix actions au moins (34).

Toutefois, la loi exigeant que le quart du fonds social y soit re-

---

(32) Art. 12 de la loi.

(33) Art. 16.

(34) L'art. 12 de la loi laisse aux statuts (V. cependant *inf.*, note 35) le soin de fixer ce nombre, qui sera plus ou moins élevé, selon l'importance du fonds social. Sans doute, en principe, tous les actionnaires devraient concourir aux assemblées générales, mais il faut bien céder aux nécessités matérielles en limitant le nombre des personnes pouvant avoir accès dans le lieu de la réunion. Deux moyens peuvent atteindre ce but :

Ou un minimum d'actions imposé à chaque membre de l'assemblée, comme dans la formule.

Ou un maximum de membres, composé des plus forts actionnai-

res; et voici dans ce dernier cas comment l'art. 41 serait rédigé.

« L'assemblée générale se compose des plus forts actionnaires, » dont la liste est arrêtée par le conseil d'administration, tenue à la » disposition de tous les actionnaires et déposée sur le bureau le » jour de la réunion.

» Pour figurer sur cette liste, les » propriétaires d'actions au porteur » doivent déposer leurs titres au » siége social, dans les dix jours de » l'avis de convocation; et il leur » est remis en échange un récépissé » nominatif qui leur sert de carte » d'admission à l'assemblée.

» Si les actionnaires déposants, » etc. (la suite comme dans la for- » mule). »

présenté (35), le conseil d'administration doit vérifier l'observation de cette condition en invitant, par les avis de convocation, les propriétaires de dix actions à déposer leurs titres dans les dix jours au siége social.

Si les actionnaires déposants, réunis aux propriétaires de dix actions nominatives, connus par le livre des transferts, ne représentent pas le 1/4 du capital, la convocation est contremandée, et il y a lieu de recourir à une assemblée composée de tous les actionnaires sans exception.

La présente clause n'est pas applicable à l'assemblée extraordinaire qui aurait à délibérer sur la dissolution anticipée de la société en cas de perte des 3/4 du fonds social, ni à celles qui auront pour objet la constitution de la société (v. art. 61 et 70 des statuts).

Art. 42.

Les convocations, sont faites par avis insérés un mois avant la réunion dans les journaux d'annonces légales.

Pour les assemblées extraordinaires, les avis doivent indiquer l'objet de la réunion.

Art. 43.

L'assemblée ordinaire est régulièrement constituée lorsque les

---

(35) Il y a antinomie entre l'art. 12 de la loi qui permet d'imposer un minimum d'actions pour assister à l'assemblée, et l'art. 14, qui exige que le quart du capital social y soit représenté, au moins à une première convocation. En cette situation, que doit-on décider? Selon nous, l'art. 12 doit céder à l'art. 14; sans doute les statuts pourront, *à priori*, fixer le minimum d'actions nécessaire pour prendre part aux assemblées, mais c'est à la condition qu'il se trouvera assez d'actionnaires propriétaires de ce nombre d'actions pour représenter un quart du fonds social. Et comme il est impossible de se rendre compte à l'avance et une fois pour toutes de la manière dont les actions se trouveront réparties à l'époque de chaque assemblée, la stipulation d'un maximum par les statuts ne sera jamais que provisoire et conditionnelle.

Il importera donc, avant tout, d'adopter un moyen de vérifier, lors de chaque assemblée, s'il existe assez d'actionnaires propriétaires du nombre minimum d'actions pour représenter le quart du capital. Cette vérification peut avoir lieu par le mode indiqué dans la formule; le dépôt d'actions qu'elle nécessite est un inconvénient réel, qu'on pourra éviter en adoptant le second mode, que nous ferons connaître *inf.*, note 36.

membres présents représentent au moins le quart du fonds social (36).

Si, sur une première convocation, cette condition n'est pas remplie, une nouvelle assemblée est convoquée, et elle délibère valablement quelle que soit la portion du capital représentée par les actionnaires présents.

Cette nouvelle réunion doit avoir lieu à quinze jours d'intervalle au moins, mais les convocations peuvent n'être faites que dix jours à l'avance.

Quant aux assemblées extraordinaires ayant pour but, soit des modifications aux statuts, soit la constitution de la société, elles sont régulièrement constituées de la manière fixée par les articles 60 et 70.

Art. 44.

Nul ne peut se faire représenter aux assemblées générales que par un mandataire membre des assemblées.

Les actionnaires, propriétaires de moins de dix actions, peuvent se réunir à d'autres pour atteindre ce nombre, en désignant l'un d'eux pour les représenter à l'assemblée.

Art. 45.

L'assemblée générale est présidée par le président du conseil d'administration, et en son absence par un administrateur désigné par le conseil.

---

(36) Si l'on veut éviter un dépôt d'actions, il faut supprimer le deuxième et le troisième alinéa de de l'art. 41, et terminer l'art. 43 comme il suit :

« Si les propriétaires de dix ac- » tions, seuls appelés, ne représen- » tent pas le quart du fonds social, » il est convoqué une deuxième as- » semblée composée de tous les ac- » tionnaires sans exception.

» Si cette condition n'est pas en- » core remplie, une nouvelle con- » vocation a lieu, et alors l'assem- » blée délibère valablement quelle » que soit la portion du capital re- » présentée par les actionnaires pré- » sents.

« Il doit y avoir au moins quinze » jours d'intervalle entre les convo- » cations, qui sont toujours faites » dix jours à l'avance. »

D'après ce mode, il y a un autre inconvénient, c'est qu'on est exposé à trois réunions au lieu de deux; mais ce n'est qu'une éventualité qu'il vaut peut-être mieux subir que d'obliger au dépôt des actions au porteur, comme dans le premier système.

Les deux plus forts actionnaires présents sont appelés à remplir les fonctions de scrutateurs.

Le bureau désigne le secrétaire.

Art. 46.

Les délibérations sont prises à la majorité des voix des membres présents, sauf dans le cas de modification statutaire prévu par l'art. 60.

Chacun d'eux a droit à autant de voix qu'il représente de fois dix actions, soit comme propriétaire, soit comme mandataire, mais sans pouvoir en aucun cas réunir plus de cinq voix, le tout sauf dans les cas prévus, par les art. 62 et 70.

Art. 47.

L'ordre du jour est arrêté par le conseil d'administration et *soumis préalablement aux commissaires* (37).

Il n'y est porté que les propositions émanant du conseil *ou des commissaires* (38), ou qui ont été communiqués au conseil cinq jours au moins avant la réunion avec la signature de dix membres de l'assemblée.

Il ne peut être mis en délibération que les objets portés à l'ordre du jour.

Art. 48.

L'assemblée générale annuelle entend le rapport des commissaires sur la situation de la société, sur le bilan et sur les comptes présentés par les administrateurs (39).

Elle discute, et, s'il y a lieu, approuve les comptes.

---

(37) Cette communication est indispensable pour le rapport qu'ils ont à faire, non-seulement sur le bilan et les comptes, mais aussi *sur l'ensemble de la situation* (art. 15 de la loi).

(38) Il est vrai que les commissaires peuvent n'être pas associés (art. 15) et qu'on paraît leur donner un droit d'ingérence dans les affaires sociales en leur permettant l'initiative des propositions; mais la loi leur accorde le droit de convoquer l'assemblée toutes les fois qu'ils le jugent convenable, et le droit de proposition est le corollaire nécessaire de celui de convocation.

(39) Telle est la disposition de l'art. 15 de la loi. En outre l'art. 18 exige qu'une copie du bilan et du rapport soit adressée à chacun des actionnaires connus, et déposée au greffe du tribunal de commerce; le tout 15 jours avant la réunion.

Elle fixe le dividende à répartir.

Elle nomme les administrateurs à remplacer, et les commissaires chargés de la surveillance pour l'exercice prochain.

Elle délibère et statue souverainement sur tous les intérêts de la société, et confère au conseil d'administration tous les pouvoirs supplémentaires qui seraient reconnus utiles.

Art. 49.

Les délibérations de l'assemblée générale sont constatées par des procès-verbaux inscrits sur un registre spécial, et *signés des membres du bureau* (40).

Une feuille de présence contenant les noms et domiciles des actionnaires membres de l'assemblée, et le nombre d'actions dont chacun est porteur, est certifiée par le bureau et annexée au procès-verbal pour être communiquée à tout requérant.

Art. 50.

Les copies ou extraits, à produire en justice ou ailleurs, des délibérations de l'assemblée, sont signés par le président et un autre membre du conseil d'administration.

TITRE VII.

Etats de situation. — Inventaires.

Art. 51.

L'année sociale commence le 1er janvier et finit le 31 décembre.

Par exception, le premier exercice comprendra le temps écoulé entre la constitution définitive de la société et le 31 décembre prochain.

Art. 52.

Le conseil d'administration dresse chaque trimestre un état résumant la situation active et passive de la société.

---

(40) Dans l'usage on s'est souvent borné à la signature du Président et du secrétaire, ou de la majorité du bureau, mais l'art. 13 de la loi prescrivant que la feuille de présence soit certifiée par le bureau, il y a la même raison pour les délibérations.

Cet état est mis à la disposition des co....... .

Il est en outre établi, à la fin de chaque a..... .. tle, un inventaire contenant l'indication des valeurs mobilic...... immobilières, et de toutes les dettes actives et passives de la .ociété.

Cet inventaire est présenté à l'assemblée générale (41), et tout actionnaire peut en prendre à l'avance communication au siége social (42).

TITRE VIII.

Partage des bénéfices.

Art. 53.

Sur les bénéfices nets annuels, il est prélevé :

1° Cinq pour cent du fonds social pour être payés à titre d'intérêts à tous les actionnaires sans distinction (43).

2° 1/20 du surplus pour le fonds de réserve qui va être établi (44).

---

(41) Toutes ces clauses sont la reproduction textuelle de l'art. 17 de la loi.

(42) La loi a multiplié les précautions pour faciliter l'examen de la comptabilité et faire que son approbation ait lieu en connaissance de cause. Ainsi :

15 jours avant la réunion, envoi à chaque actionnaire d'une copie 1° du bilan ; 2° du rapport des commissaires.

Dépôt du tout au greffe du tribunal de commerce, où les actionnaires peuvent en prendre connaissance.

Communication de l'inventaire au siége social. (Art. 18, de la loi).

(43) On peut se demander si le prélèvement de cet intérêt pourrait être valablement stipulé en tout ou en partie sur le capital, pendant le premier exercice social qui est en général une période d'expérimentation, ainsi que cela se pratique dans les compagnies de chemins de fer pendant le temps que dure la construction du chemin. L'art. 27, de la loi défend sans doute aux administrateurs de distribuer des dividendes non acquis ; mais à notre avis, il n'a pas voulu déroger aux usages dont nous venons de parler et qui ont été plus d'une fois consacrés par la jurisprudence ; les administrateurs seraient protégés par la convention à la quelle chaque actionnaire a adhéré en souscrivant ; l'art. 27 n'entend les punir que de la négligence et de la collusion ; le paiement conventionnel de bénéfices non existants n'est donc pas entré dans ses prévisions, et dès lors, en vertu du droit commun, il doit être considéré comme licite.

(44) Une question très-grave s'élève pour le cas où les bénéfices nets ne suffiraient pas tout à la fois pour l'intérêt et la réserve. Le prélèvement en pareil cas devrait-il avoir lieu dans l'ordre de notre formule ; ou au contraire ne devrait-on pas avant tout prélever le vingtième

Art. 54.

L'excédant des bénéfices est réparti dans la proportion suivante :
% Aux actionnaires.
% Aux administrateurs par parts égales (45).
% Aux 2 commissaires par moitié (46).

Art. 55.

Le paiement des bénéfices a lieu dans l'année qui suit la clôture de l'exercice pendant lequel ils ont été réalisés, et aux époques fixées par le conseil d'administration.

---

pour la réserve, comme il semble résulter du texte de l'art. 19 ordonnant le prélèvement de ce vingtième *sur les bénéfices nets?* Nous pensons que l'intérêt peut passer avant la réserve ; si le texte légal s'y opposait réellement, il serait en contradiction manifeste avec l'esprit certain de la loi ; le fonds de réserve n'est pas en effet d'institution nouvelle ; s'il est obligatoire dans les sociétés à responsabilité limitée, il l'est également dans les sociétés anonymes autorisées ; l'instruction ministérielle du 11 juillet 1849, qui avait pour but de résoudre diverses questions intéressant ces dernières sociétés, prescrit l'établissement d'un fonds de réserve, mais en ajoutant que cette réserve ne doit *préjudicier en rien au paiement des intérêts ordinaires.* Or, l'exposé des motifs de la loi nouvelle nous apprend que les dispositions relatives au fonds de réserve « sont emprun- » tées aux statuts des sociétés ano- » nymes autorisées et doivent être » considérées bien moins comme » imposées par l'autorité du législa- » teur que comme l'expression de » la volonté probable des parties » intéressées. »

Sans doute, ce n'est pas un intérêt véritable qui est servi aux actionnaires ; ceux-ci ne sont pas créanciers, mais copropriétaires de la chose sociale. Néanmoins l'usage a prévalu de donner ce nom au premier dividende distribué aux actionnaires ; et tout porte à croire que le législateur, en rédigeant l'art. 19, n'entendait parler des bénéfices nets que déduction faite de cet intérêt ou premier dividende. D'ailleurs le simple bon sens indique suffisamment qu'il n'y a rien à mettre en réserve avant que le capital ait reçu une rémunération au moins égale à celle qu'il trouverait dans un placement à titre de prêt. C'est donc la nature même du fonds de réserve qui commande la solution que nous adoptons.

(45 et 46) V. *sup.* notes, 23 et 31.

TITRE IX.

Fonds de réserve.

ART. 56.

Le fonds de réserve se compose de l'accumulation des sommes pré-levées sur les bénéfices annuels en conformité de l'art. 53.

Il est destiné à faire face aux dépenses extraordinaires et im-prévues.

Lorsque le fonds de réserve aura atteint le 1/10 du fonds social (47), *le prélèvement affecté à sa création cessera de lui profiter et s'ajou-tera aux dividendes à repartir.*

ART. 57.

En cas d'insuffisance des produits d'une année pour donner un intérêt ou dividende de 5 0/0 par action, la différence peut être prélevée sur le fond de réserve (48).

ART. 58.

A l'expiration de la société et après la liquidation de ses engage-ments, le fonds de réserve sera partagé entre toutes les actions.

TITRE X.

Modification aux statuts.

ART. 59.

L'assemblée générale peut, sur l'initiative du *conseil d'adminis-tration* (48 *bis.*), *apporter aux présents statuts les modifications dont l'utilité sera reconnue.*

---

(47) Jusque-là, le prélèvement du vingtième sur les bénéfices est obligatoire (art. 19 de la loi.)

(48) Ce prélèvement peut être va-lablement autorisé par les statuts, le fonds de réserve *ne devant préjudi-*cier en rien au paiement des intérêts *ordinaires,* sup., note 41, et consé-quemment pouvant être employé au besoin au service de ces intérêts.

(48 *bis.*) V. *inf.* note 60.

Elle peut décider notamment :

1° L'augmentation du fonds social.

2° Son amortissement total ou partiel avec les bénéfices, par la voie du sort ou autrement.

3° La prolongation ou la dissolution anticipée de la société.

Les modifications peuvent même porter sur l'objet de la société, mais sans pouvoir le changer complétement, ni l'altérer dans son essence (49).

Art. 60.

Dans ces divers cas, l'assemblée générale est composée conformément à l'article 41 (50).

Mais elle n'est régulièrement constituée que lorsque les membres présents représentent la 1/2 a., fonds social (51).

Les résolutions, pour être valables, doivent être votées à la majorité des 2/3 des membres présents, les voix étant comptées conformément à l'article 46 (52).

(1°) Nous ajoutons cet alinéa à la formule habituelle, parce qu'il peut devenir utile d'apporter quelques changements à l'objet de la société, et qu'il est douteux qu'une assemblée générale ait le droit, malgré le pouvoir absolu qui lui est accordé de modifier les statuts, de faire porter la modification sur les bases mêmes de la société (cass. 17 avril 1855.— Sirey, 55, 1, 652. — Comp. Paris 4 janvier 1853.—Sirey, 53, 1, 424.)

Mais un pouvoir spécial, comme celui exprimé par notre formule, lui donnerait incontestablement ce droit, sans inconvénient pour la masse des actionnaires, puisque l'objet principal et essentiel de la société serait en tous cas respecté.

(50) C'est-à-dire de tous les actionnaires possédant au moins dix actions, pourvu qu'ils représentent la moitié du fonds social.

(51) Si cette condition exigée par la loi (art. 14), n'est pas remplie, il n'y a pas lieu de prescrire la convocation d'une deuxième assemblée qui aurait le droit de voter la modification quel que soit le chiffre des actions représentées.

La première réunion échouant à défaut de la condition légale, il en résulte un obstacle à la modification, qui peut d'ailleurs n'être considérée que comme ajournée; car rien n'empêche de convoquer ultérieurement une autre assemblée qui en réunissant la moitié du fonds social pourrait voter la modification.

(52) C'est-à-dire une voix par dix actions, sans pouvoir en réunir plus de cinq. Les modes de composition de l'assemblée et de votation déterminés par notre article, n'étant pas défendus par la loi pour les assemblées qui ont pour but la modification des statuts, sont conséquemment permis. Il est vrai que l'art. 12 de la loi, qui remet aux statuts le soin de fixer le nombre d'actions à posséder pour être admis à l'assemblée et le nombre de voix pouvant appartenir à chaque actionnaire, ne paraît se référer qu'aux assemblées ordinaires annuelles;

TITRE XI.

Dissolution. — Liquidation.

ART. 61.

En cas de perte des 3/4 du fonds social (53), les administrateurs convoquent (54) l'assemblée générale de TOUS LES ACTIONNAIRES *(55) à l'effet de statuer sur la question (56) de savoir s'il y a lieu de prononcer la dissolution de la société.*

La résolution de l'assemblée est dans tous les cas rendue publique (57) :

1° Par le dépôt fait dans la quinzaine au greffe du tribunal de commerce d'une copie certifiée de la délibération :

2° Par une affiche apposée d'une manière apparente dans les bureaux de la société.

ART. 62.

L'assemblée est régulièrement constituée lorsque la moitié du fonds social est représentée par les actionnaires présents (58).

---

mais le second alinéa de l'article n'accorde la voix délibérative à TOUS les actionnaires que pour les assemblées constituantes, d'où il est permis de conclure que les assemblées modificatives sont laissées dans le droit commun consacré d'ailleurs par un usage constant. (Toutefois pour la dissolution en cas de perte des trois quarts du capital. — V. *inf.* art. 62.)

La loi n'impose qu'une seule condition pour les assemblées modificatives, c'est la représentation de la moitié du capital ; cette condition est observée par la formule. La condition statutaire de la majorité des deux tiers est une garantie ajoutée aux prescriptions légales, qui ne peut soulever aucune critique. — *Inf.* note 94.

(53) Il est, bien entendu, permis de dissoudre avant une perte aussi forte.

(54) C'est pour eux une obligation impérieuse, dont l'inaccomplissement pourrait donner lieu à des dommages-intérêts (art. 27 de la loi).

(55) La loi en employant ces termes n'a pas voulu pour ce cas laisser aux statuts, comme pour les assemblées ordinaires, — sup. note 52 — le droit d'exclure de l'assemblée les actionnaires ne possédant pas une quantité déterminée d'actions; on devra donc convoquer tous les actionnaires et donner à tous le droit de vote. Mais le vote aura-t-il lieu nécessairement par tête comme dans les assemblées constituantes? v. *inf.*, 59.

(56) Ainsi s'exprime l'art. 20 de la loi; la dissolution est donc facultative pour l'assemblée.

(57) Art. 20 de la loi.

(58) La dissolution anticipée étant une modification des statuts, il y a

Le vote a lieu à la majorité des actionnaires présents votant par tête (59).

Art. 63.

A défaut par le conseil d'administration de réunir l'assemblée générale en cas de perte des 3/4 du fonds social, la convocation est faite par les commissaires (60).

Dans le même cas, tout actionniare, sans attendre la convocation de l'assemblée, peut demander la dissolution de la société devant les tribunaux.

Art. 64.

A l'expiration de la société, ou en cas de dissolution anticipée, l'assemblée générale règle le mode de liquidation, et nomme un ou plusieurs liquidateurs.

Pendant la liquidation, les pouvoirs de l'assemblée générale se continuent comme pendant l'existence de la société (61).

Toutes les valeurs de la société sont réalisées par les liquidateurs, qui ont à cet effet les pouvoirs les plus étendus, et le produit, après le prélèvement des frais de liquidation, en est réparti aux actionnaires.

---

lieu d'observer l'art. 14 de la loi, qui exige pour cet objet la représentation de la moitié du capital.

(59) Cela résulte implicitement de de l'art. 2 de la loi, qui donne à chaque intéressé, en cas de non-convocation de l'assemblée générale, le droit de demander la dissolution judiciaire; en effet par cette disposition l'art. 20 semble vouloir que toutes les voix pèsent également dans la balance, et ce serait aller contre son esprit que de donner la prépondérance aux plus forts actionnaires.

Par la même raison, nous ne stipulons que la majorité ordinaire de moitié; exiger celle de deux tiers ce serait rendre plus difficile la dissolution, que la loi au contraire a voulu favoriser dans ce cas.

(60) Les commissaires ont toujours le droit de convoquer l'assemblée générale (art. 16 de la loi), sauf pourtant dans les cas ordinaires de modifications des statuts, où nous avons dû réserver aux administrateurs l'innitiative de la proposition (art. 59 des statuts); car cette hypothèse ne se rattache nullement à la mission, toute de surveillance qui leur est confiée; mais on conçoit qu'il en est autrement lorsque l'existence sociale est en péril par la perte d'une partie notable du fonds social.

(61) Cette clause est conforme au droit commun, suivant lequel une société dissoute se survit à elle-même pour sa liquidation et continue de se personnifier dans un être moral. (Troplong, des Sociétés, n. 1004).

Les liquidateurs peuvent, avec l'autorisation de l'assemblée générale, faire le transport à une autre société de l'ensemble des biens, droits et obligations tant actives que passives de la société dissoute (62).

TITRE XII.

Contestations.

ART. 65.

Toutes les contestations qui pourront s'élever pendant le cours de la société ou lors de sa liquidation, soit entre les actionnaires, la société, les administrateurs ou les commissaires, soit entre les actionnaires eux-mêmes, relativement aux affaires sociales, seront soumises à la juridiction des tribunau compétents de.... (ceux du siége social).

Tout actionnaire qui veut provoquer une contestation de cette nature doit faire élection de domicile à.....

A défaut d'élection de domicile, cette élection a lieu de plein droit au parquet de M. le Procureur Impérial près le tribunal civil de.....

Toutes modifications et assignations sont valablement faites au domicile élu formellement ou implicitement.

ART. 66.

Des associés représentant le 1/20e au moins du fonds social peuvent, dans un intérêt commun, charger à leur frais un ou plusieurs mandataires d'intenter une action contre les administrateurs à raison de leur gestion, sans préjudice de l'action que chaque associé peut intenter individuellemen en son nom personnel (63).

---

(62) Cette clause peut être fort utile dans la pratique, où l'on voit souvent une deuxième société succéder à la première, en faisant l'acquisition de son actif et se chargeant de son passif. L'obligation de payer les dettes de la première société est-elle passible d'un droit proportionnel de mutation ? C'est une question délicate et que nous avons traitée dans le *Journal du Notarial*, numéro du 16 mai 1863.

(63) Il ne s'agit, d'après cette clause qui reproduit littéralement l'art. 22 de la loi, que des actions contre les administrateurs personnellement à raison de leur gestion. La représentation en justice, qui est une dérogation à la maxime que *nul en France ne plaide par procureur*, ne

TITRE XIII.

Dispositions transitoires (64).

ART. 67.

La souscription de la totalité du capital social et le versement du

---

pourrait donc s'étendre, malgré l'analogie, aux actions intentées, soit contre la société elle-même, soit contre les commissaires, ni aux procès entre les actionnaires eux-mêmes. C'est une lacune de la loi à laquelle les tribunaux ne peuvent suppléer.

Pourrait-on stipuler valablement que toutes les contestations touchant l'intérêt général de la société ne pourront être dirigées qu'au nom de la masse des actionnaires et en vertu d'une autorisation émanant de l'assemblée générale ?

Cette clause a été insérée dans beaucoup de statuts de sociétés en commandite par actions, avant la loi de 1856, et elle a été déclarée licite par un arrêt de la Cour de Paris, du 8 décembre 1847 (*le Droit* du 3 janvier 1848). Cette doctrine était fondée ; car toutes les conventions non contraires à l'ordre public et non prohibées par une loi positive sont permises. Or, une convention de cette nature n'est autre chose qu'un mandat irrévocable et mutuel que se donnent les actionnaires, mandat valable avec son caractère d'irrévocabilité, comme étant la condition accessoire d'un contrat. Mais depuis la loi de 1856 qui, par son art. 44, donne aux actionnaires plaidant par commissaires le droit d'intervention individuelle dans les procès, il est douteux qu'une pareille clause puisse être légalement insérée dans les statuts des sociétés en commandite par actions.

L'art. 20 de la loi nouvelle réserve également l'action individuelle des associés ; mais, d'une part, cette réserve est faite uniquement en vue des procès élevés contre les administrateurs à raison de leur gestion, d'où l'on est induit à croire que les autres, conformément au droit commun, peuvent être laissés à la décision souveraine de l'assemblée.

Et d'autre part, même à l'égard des actions intentées contre les administrateurs, on peut dire qu'une simple réserve énoncée d'une manière tout à fait incidente, ne fait point obstacle à une convention contraire ; car elle ne saurait avoir la portée d'une disposition prohibitive, et on ne doit l'envisager que comme une pure énonciation du droit commun, qui doit recevoir son effet, dans le silence des statuts.

Malgré toutes ces raisons, on est obligé de reconnaître que l'esprit de la loi nouvelle, comme celui de la loi de 1856, a été de protéger efficacement les actionnaires contre les administrateurs et les gérants de sociétés ; que ces lois n'ont pas craint de déroger à l'une de nos plus vieilles maximes de procédure pour faciliter les réclamations des actionnaires ; et que subordonner ces réclamations à une permission de l'assemblée générale, ce serait procéder à l'inverse du législateur, et s'exposer à méconnaître sa volonté, suffisamment indiquée par la disposition nouvellement édictée.

(64) On trouvera sous ce titre un

quart au moins du capital qui consiste en numéraire sont constatés par une déclaration des comparants faite par acte notarié.

A cette déclaration sont annexés la liste des souscripteurs, l'état des versements effectués et une expédition de l'acte de société (65).

Art. 68.

Cette déclaration, avec les pièces à l'appui, est soumise à la première assemblée générale, qui en vérifie la sincérité.

La même assemblée fait apprécier (66) la valeur de l'apport constaté plus haut sous les articles 5 et 6 et la cause des avantages stipulés.

Art. 69.

Une deuxième assemblée (67) est convoquée pour approuver, s'il y a lieu, l'apport et les avantages dont il s'agit.

L'assemblée, à la majorité fixée par l'article suivant, peut, d'accord avec les comparants, apporter toute modification à l'évaluation de l'apport et à la fixation des avantages (68).

La même assemblée (69) nomme les premiers administrateurs, et

---

résumé exact et complet de toutes les dispositions prescrites par la loi à peine de nullité, pour la constitution de la société ; en suivant notre formule pas à pas on n'aura donc à craindre aucune omission.

(65) D'après l'art. 4 de la loi on devrait annexer l'acte de société même ; mais comme il aura été dressé par acte public, — *Sup*, note 1, — et nécessairement en minute, l'annexe de l'acte lui-même est matériellement impossible. L'annexe d'une expédition est bien surabondante et contraire à tous les usages du notariat ; mais il s'agit de formalités rigoureuses et prescrites à peine de nullité (art. 24 de la loi), et il vaut mieux éviter toute critique en annexant l'expédition. Cette disposition a été empruntée par inadvertance à la loi du 17 juillet 1856, où elle avait sa raison d'être, la société en commandite pouvant

avoir lieu par acte sous seings privés, suivant l'art. 39 Code comm. auquel la loi de 1856 n'a pas dérogé.

(66) Soit en nommant une commission dans son sein, soit en désignant des experts étrangers.

(67) S'il n'y a pas d'apports ni d'avantages particuliers à approuver, une seule assemblée suffit pour constituer la société, et sa fonction consiste uniquement 1° à vérifier la sincérité de la déclaration du gérant (art. 4 de la loi) ; 2° à nommer les administrateurs et les commissaires.

(68) Cette clause est valable, et a besoin d'être stipulée pour donner pouvoir à la majorité (V. mon Commentaire de la loi de 1856, nos 22 et suiv.).

(69) Cette nomination peut avoir lieu dans la même assemblée, de même que dans les sociétés en commandite : conseil de surveil-

pour le premier exercice (70) les commissaires institués par l'article 35.

Le procès-verbal de la séance constate l'acceptation des administrateurs et des commissaires, s'ils sont présents à la réunion.

La société est constituée à partir de cette acceptation.

ART. 70.

Les assemblées générales réunies pour la constitution de la société se composent de tous les souscripteurs (71).

L'assemblée est régulièrement constituée lorsque les actionnaires présents représentent la moitié au moins du fonds social.

Lorsque l'assemblée délibère sur l'appréciation et l'approbation des apports et des avantages particuliers, les actionnaires présents doivent représenter la moitié du capital social en numéraire (72); et les associés qui ont fait l'apport et stipulé les avantages n'ont pas voix délibérative (73).

Les délibérations sont prises à la majorité des actionnaires présents votant par tête (74).

ART. 71.

Si, lors des assemblées générales convoquées pour la constitution

---

lance peut être nommé par l'assemblée qui approuve les apports; à la condition dans les deux cas qu'il sera donné, lors de la convocation, avis spécial des nominations à faire (V. mon Commentaire, n° 86.)

(70) La loi dit *pour la première année*, mais le premier exercice social ne comprend presque jamais qu'une portion de la première année. — *Sup*, art. 81 des statuts.

(71) C'est-à-dire que tous ont le droit d'y assister, sans qu'il soit permis d'exclure ceux qui n'auraient pas un nombre déterminé d'actions; l'art. 12 de la loi est formel à cet égard.

(72) La loi de 1856 n'exige que le quart du capital social, mais aussi le quart en nombre des actionnaires; cette dernière disposition n'a pas été reproduite dans la loi nouvelle.

(73) Ainsi la deuxième assemblée aura à émettre deux votes complétement différents : le premier, sur les apports et les avantages ; les fondateurs en sont exclus, et c'est la moitié du *capital* en numéraire qui doit être représentée. Le deuxième, sur la nomination des administrateurs et des commissaires ; tous les associés sont admis au vote, et il suffit que la moitié du *fonds* social soit représentée.

(74) Le vote par tête résulte au moins implicitement de l'art. 12 portant que tous les actionnaires ont voix délibérative, ce qui doit signifier, selon nous, qu'un seul ne peut avoir plusieurs voix comme dans d'autres cas. *Sup*, art. 48.

de la société, les actionnaires présents ne réunissent pas la moitié du capital ou du fonds social, selon ce qui est dit à l'article précédent, une deuxième, et au besoin une troisième convocation seraient faites par les fondateurs; et si dans l'une ou dans l'autre la condition légale ne pouvait être remplie, le projet de société serait considéré comme non avenu, et les fondateurs comme les souscripteurs seraient déliés de plein droit de leurs engagements réciproques (75).

Le montant des souscriptions serait remboursé aux souscripteurs sous la déduction des frais légitimes et justifiés, prélevés en vue de la réalisation de la société (76).

Art. 72.

Toutes les dispositions du titre VI relatif aux assemblées générales, et conciliables avec celles contenues sous le présent titre sont applicables aux assemblées générales constituantes.

Art. 73 (77).

Le chiffre de six millions, proposé par les comparants sous l'article 7 du présent projet de société pour être le montant du fonds social, n'est ainsi fixé que provisoirement et comme base de la souscription publique à ouvrir.

En conséquence, si, d'ici à trois mois, ce chiffre n'était pas souscrit en entier, les souscripteurs à cette date seraient convoqués en une réunion préparatoire (78) pour examiner si l'objet de la société pourrait ou non être atteint avec le capital obtenu par les souscrip-

---

(75) Cette clause est valable et peut avoir une grande utilité pratique (V. mon Commentaire de la loi de 1856, n° 34).

(76) Cette déduction est de toute équité, les fondateurs ne devant pas être victimes de l'abstention peut-être calculée des souscripteurs.

(77) Cette clause est nouvelle comme la loi elle-même, et nous n'hésitons pas cependant à la proposer, non-seulement parce que nous la considérons comme licite, mais aussi parce qu'elle répond à une situation qui se présentera souvent et qui mettrait les fondateurs de sociétés dans de graves embarras. Les solutions qu'elle donne sont-elles satisfaisantes? C'est à la pratique des hommes spéciaux et à la science des jurisconsultes qu'il appartient de se prononcer à cet égard.

(78) Ce n'est encore en effet qu'une réunion préparatoire de souscripteurs, et non une assemblée générale d'actionnaires, puisqu'il est incertain si les souscripteurs deviendront associés.

tions, et, en cas d'affirmative, fixer d'une manière définitive et irrévocable le capital de la société.

Pour être valable, cette décision devait être prise d'accord avec les comparants (79).

Les souscripteurs présents doivent représenter la moitié du capital souscrit; et le vote a lieu à la majorité des souscripteurs présents, votant par tête (80).

Le capital étant ainsi fixé, il est procédé aux formalités de constitution énumérées sous les articles qui précèdent.

Mais, dans le cas où il serait au contraire décidé que le capital souscrit est insuffisant pour l'objet de la société, les sommes versées seraient remboursées sous la déduction des frais légitimes et justifiés, prélevés en vue de sa réalisation (81).

---

(79) C'est une modification du contrat, qui ne peut avoir lieu sans leur consentement.

(80) Ces précautions, prises pour assurer la sincérité du vote, sont empruntées aux dispositions de la loi sur les assemblées constituantes.

La majorité peut-elle recevoir de chaque souscripteur le pouvoir de le lier ainsi à l'avance? De même que dans l'hypothèse prévue *sup.*, note 63, c'est un mandat réciproque, et irrévocable comme dépendant d'une convention principale; or, ce mandat, n'étant contraire ni à l'ordre public, ni à une loi positive, est protégé par le principe supérieur de la liberté des conventions. Il n'y a rien ni dans l'esprit, ni dans le texte de la loi nouvelle qui le défende; il engage sans doute les souscripteurs dans une sorte d'avant-projet, ou de promesse de société, en les laissant momentanément dans l'incertitude sur le capital définitif de la société; mais quelle raison législative aurait-on donnée, quelle raison juridique donnerait-on aujourd'hui pour défendre un contrat qui respecte toutes les prescriptions de forme et de fond de la loi nouvelle?

Un tel pacte doit être vu avec d'autant plus de faveur qu'il a pour but, et qu'il aurait pour effet de favoriser la création des sociétés à responsabilité limitée, dont l'avenir serait certainement compromis par la nécessité absolue, si elle existait, de réunir toujours le chiffre intégral du capital fixé par les statuts :

(81) Si les souscriptions obtenues n'atteignaient qu'un chiffre peu élevé, leur remboursement pourrait subir une réduction assez importante. Mais nous croyons qu'il serait injuste de laisser ces frais à la charge de fondateurs qui auraient apporté un loyal concours à l'entreprise. C'est aux souscripteurs à peser l'éventualité attachée à la souscription, et à la compenser avec les avantages que leur promet la société; s'ils se décident, c'est en connaissance de cause; et, afin d'appeler leur attention spéciale sur ce point, nous pensons que la formule de la souscription devrait contenir une adhésion explicite non-seulement aux statuts sociaux, mais encore aux dispositions transitoires contenues sous le présent titre.

TITRE XIV.

Publications.

ART. 74 (82).

Dans la quinzaine de la constitution de la société, les administrateurs déposeront au greffe du tribunal de commerce :

1° Une expédition de l'acte de société ;

2° Une expédition de celui constatant la souscription du capital et le versement du quart ;

3° Une copie certifiée des deux délibérations prises par l'assemblée générale en vertu des art. 68 et 69 ci-dessus.

4° Une copie certifiée de la liste nominative des souscripteurs, contenant les noms, prénoms, qualités, demeures et le nombre d'actions de chacun d'eux.

Les mêmes documents sont affichés d'une manière apparente dans les bureaux de la société.

ART. 75.

Dans le même délai de quinzaine, un extrait des actes et délibérations énoncés dans l'article précédent est transcrit, publié et affiché suivant le mode prescrit par l'art. 42 C. comm.

Cet extrait, signé des administrateurs de la société, doit contenir les indications prescrites par l'art. 9 de la loi du 5 mai 1863.

ART. 76.

Tous pouvoirs sont donnés au porteur des pièces pour le dépôt et les publications dont il s'agit.

Dont acte, etc.

---

(82) Art. 8 de la loi.

DEUXIÈME FORMULE.

Acte de Société.

— *Sept associés (83).*
— *Capital de 200,000 fr. actuellement souscrit (84).*
— *Parts d'intérêt non négociables (85).*
— *Apports contre attribution des parts d'intérêt.*
— *Dispositions transitoires pour la constitution définitive de la société.*

Par-devant Mᵉ . . . . . ., etc.

    Ont comparu :

1, 2º, 3º, 4º, 5º, 6º, 7º,

Lesquels ont établi de la manière suivante les statuts de la société à responsabilité limitée qu'ils sont convenus de fonder.

TITRE I.

Objet, dénomination, siége, durée de la société.

ART. 1ᵉʳ.

Il est formé entre les comparants une société à responsabilité limitée qui a pour objet l'exploitation d'un fonds de commerce de. . . . . .

---

(83) C'est le nombre minimum des associés (art. 2 de la loi).

(84) Le capital des sociétés à responsabilité limitée ne peut excéder 20 millions (art. 3); le minimum de 200,000 fr. qui avait été fixé par le projet de loi a été supprimé.

(85) Une action n'est, au fond, autre chose qu'une part d'intérêt dans la société. — V. Introduction. — Mais l'action est toujours né-gociable de sa nature, ou plutôt représentée par un titre négociable, tandis que souvent il n'en est pas de même des parts d'intérêts.

La création de titres négociables a pour effet de déroger à l'art. 1861 C. Nap. qui défend à tout associé d'associer un tiers à la société sans le consentement de ses coïntéressés ; et si les parts d'intérêt sont aussi représentées par de pareils

ART. 2.

La société prend la dénomination de *société à responsabilité li-mitée de*.....

ART. 3.

La durée de la société est fixée à vingt ans à compter du jour de la constitution définitive qui aura lieu de la manière exprimée sous le titre X.

ART. 4.

Le siége de la société est à.....

---

titres, la cession en est permise de plein droit dans les formes rapides et simples de la loi commerciale.

Lorsqu'au contraire on ne crée pas de titres négociables, on mani-este ainsi l'intention que des tiers ne soient pas introduits dans la so-ciété; c'est la considération des personnes qui a prévalu dans le con-trat, et cette situation est protégée par l'art. 1861, qui au surplus per-met à chaque associé de s'associer une tierce personne relativement à la part d'intérêt qu'il a dans la so-ciété; ce tiers devient son *croupier* (Troplong, des Sociétés, n° 755); il n'a de rapports qu'avec lui et demeure complétement étranger à la société.

On conçoit qu'il en serait autre-ment si une clause de l'acte de so-ciété avait permis la cession; le cessionnaire serait en ce cas subrogé aux droits de son cédant et devien-drait véritablement associé; mais, les parts d'intérêt n'étant pas formelle-ment déclarées par l'acte de société *négociables* suivant le mode commer-cial, la cession n'en pourrait être faite que par les voies civiles, c'est-à-dire par acte notarié ou sous seings privés, signifié à la société, ou ac-cepté par elle dans un acte authen-tique (art. 1690 C. Nap.).

Du reste, la cession non autorisée par la société ne serait pas nulle entre le cédant et son cessionnaire; il faut aller plus loin et reconnaître même qu'elle serait valable vis-à-vis des créanciers du cédant, moyen-nant la signification ou l'acceptation dont on vient de parler; car l'art. 1861 n'a en vue que la société et ne pro-tége que les coassociés; elle ne serait donc non avenue que vis-à-vis de la société, et seulement en tant que le cessionnaire ne pourrait s'ingérer dans son administration. Mais d'ail-leurs elle opère un dessaisissement réel en faveur du cessionnaire; et si le cédant doit continuer d'agir dans le sein de la société, s'il doit même seul prendre part à sa liqui-dation et arrêter tous les comptes, c'est le cessionnaire qui a le droit de toucher les dividendes comme le produit de la liquidation.

La division du fonds social en parts d'intérêt non négociables est un procédé peu usité, et qui, au premier abord, ne semble présenter aucun avantage; cependant, avec cette di-vision, la cession des parts peut n'être assujettie qu'au droit de 50 c. p. 100, tandis que sans elle le droit de 2 p. 100 serait exigible, comme l'a jugé le tribunal de la Seine le 6 décembre 1862 (le Droit, 19 février 1863).

TITRE II.

Apports. — Fonds social. — Parts d'intérêt.

Art. 5.

M. A. . . . . ., l'un des comparants, apporte à la société, avec la garantie de droit en cette matière

Un fonds de commerce de. . . . . qu'il exploite à. . . . . ., avec le matériel, et les marchandises qui en dépendent, ainsi que le droit au bail, etc.

Il a été fait un état du matériel, qui a été certifié par les comparants et est demeuré ci-annexé.

La société prendra possession du tout d'ici à huit jours; les marchandises existantes seront payées à M. A....., à prix de facture (86).

Ce fonds, non compris les marchandises, est estimé à la somme de 80,000 fr.

Art. 6.

Les six autres comparants apportent, en espèces, chacun la somme de 20,000 fr., qui a été versée immédiatement dans la caisse sociale.

Art. 7.

Le fonds social est divisé en 20 parts d'intérêt qui sont attribuées :

8 à M. A. . . . . . en représentation de son apport,

Et 2 à chacun des six autres comparants, comme équivalent de leurs versements en espèces.

Chacune de ces parts peut être cédée, mais à la condition que les cessionnaires soient agréés par la majorité des associés.

La cession aurait lieu dans la forme civile (87).

---

(86) Cette clause donnera lieu à un droit de 2 p. 100, et la Régie pourra, pour la perception, demander une évaluation du prix des marchandises, et même contraindre à la représentation des livres.

(87) V. sup., note 83.

TITRE III.

De l'administration de la société (88).

ART. 8.

La société est administrée par un directeur (89), nommé en assemblée générale.

ART. 9.

Le directeur doit être propriétaire pendant toute la durée de son mandat, de 1/20 du fonds social, soit une part d'intérêt.

Cette part d'intérêt est affectée à la garantie de sa gestion, et demeure inaliénable jusqu'à l'apurement final de ses comptes.

ART. 10.

Le directeur est nommé pour six ans.
Il peut toujours être réélu.

ART. 11.

Il a les pouvoirs les plus étendus pour l'administration des biens et affaires de la société; il peut même transiger, compromettre, donner tous désistements et mainlevées, avec ou sans payement.

Il représente la société en justice tant en demandant qu'en défendant; en conséquence c'est à sa requête et contre lui que doivent être intentées toutes actions judiciaires.

---

(88) Comp. 1re formule, titre III, et les notes.

(89) D'autres combinaisons sont possibles; ainsi les sept associés peuvent se réserver l'administration, en déléguant à l'un d'entre eux, sous le même titre de directeur, les pouvoirs d'exécution. En ce cas, les associés eux-mêmes rempliraient le rôle du conseil d'administration dans la 1re formule (titre III), et le directeur celui du comité d'exécution (titre IV). Mais il est préférable de concentrer l'administration dans une seule main; l'action d'un seul est plus rapide et plus énergique; il est facile au surplus de le contenir, ou au besoin de le stimuler par un contrôle assidu de ses actes en organisant des réunions périodiques fréquentes (*infr.*, note 93), où les associés en définitive auront toujours la haute main, puisque le directeur est révocable à leur volonté.

ART. 12.

Le directeur a droit à un traitement fixe de   par an, et en outre à une part des bénéfices ci-après fixée (90).

TITRE IV.

Du commissaire de surveillance.

ART. 13.

Il est nommé chaque année, en assemblée générale, un commissaire, associé ou non (91), chargé de remplir la mission de surveillance prescrite par la loi.

ART. 14.

Le commissaire se rend au siége social toutes les fois qu'il le juge convenable pour prendre communication des livres et examiner les opérations de la société.

Il vérifie l'état qui doit être dressé chaque trimestre de la situation active et passive de la société.

ART. 15.

A la fin de son exercice annuel, le commissaire fait un rapport à l'assemblée générale sur la situation de la société, sur le bilan et sur les comptes présentés par le directeur.

Il doit remettre ce rapport au directeur de manière que celui-ci puisse, 15 jours avant la réunion, adresser à chacun des associés et déposer au greffe du tribunal de commerce une copie de ce rapport, et du bilan résumant l'inventaire.

---

(90) Un seul administrateur se consacrant exclusivement aux affaires sociales, il paraît juste de lui allouer un traitement fixe, affranchi de toute éventualité, tout en l'intéressant à une bonne gestion par une part des bénéfices. — *Sup.* note 23.

(91) Dans les sociétés qui ont un capital peu important, il sera toujours plus économique de choisir un associé pour commissaire; car on pourra en général se dispenser de lui donner un traitement. — Comp. 1re formule, art. 38.

TITRE V.

Des assemblées générales.

ART. 16.

L'assemblée générale, régulièrement constituée, représente tous les associés.

ART. 17.

Il est tenu une assemblée générale ordinaire, chaque année, dans le courant de   (92).

Cette assemblée se tient au siége social.

Les associés se réunissent en outre le premier lundi (93) de chaque mois pour prendre connaissance des affaires sociales, et délibérer, s'il y a lieu, sur les mesures à prendre.

L'assemblée peut être convoquée extraordinairement soit par le directeur, soit par le commissaire.

ART. 18.

L'assemblée générale se compose de tous les membres de la société.

Elle est régulièrement constituée lorsque les membres présents représentent le quart du capital social et sont au nombre de quatre au moins (94), sauf ce qui est dit sous les art. 31 et 40 ci-après.

---

(92) Cette assemblée annuelle est obligatoire (art. 12 de la loi).

(93) Des réunions périodiques fréquentes sont sans inconvénient et ont une grande utilité dans les sociétés composées d'un personnel peu nombreux. Le Directeur est ainsi tenu en éveil, et il est suppléé à la négligence possible du commissaire. — *Sup.*, note 89.

(94) Comp. art. 43, 1re formule. La loi n'exige que la représentation du quart du capital ; mais nous stipulons en outre un minimum de membres présents ; cela est indispen-sable dans une société fondée sur la considération des personnes, et où d'ailleurs le quart du capital se trouverait facilement dans une seule main. Cette addition aux prescriptions légales est incontestablement permise, et sa force obligatoire serait sans nul doute reconnue par les tribunaux.

Nous n'ajoutons pas ici, comme dans l'art. 43 de la 1re formule, la faculté, pour le cas où une première assemblée ne pourrait être régulièrement constituée, d'en convoquer une seconde qui délibérerait vala-

Art. 19.

Les convocations ont lieu par lettres chargées.

Nul ne peut se faire représenter aux assemblées générales que par un de ses coassociés.

Art. 20.

L'assemblée générale est présidée par le directeur, et en son absence par un membre désigné séance tenante.

Un secrétaire est désigné dans chaque séance par l'assemblée.

Art. 21.

Les délibérations sont prises à la majorité des voix des membres présents, sauf dans le cas prévu par l'art. 31 ci-après.

Art. 22.

L'assemblée générale annuelle entend le rapport du commissaire sur la situation de la société, sur le bilan et sur les comptes présentés par le directeur (95).

Elle discute et, s'il y a lieu, approuve les comptes.

Elle fixe les dividendes à répartir.

Elle délibère et statue souverainement sur tous les intérêts de la société, et confère au directeur tous les pouvoirs supplémentaires qui seraient reconnus utiles.

---

blement quelle que fût la portion du capital représentée. Dans une société divisée en 20 parts d'intérêt, il est impossible d'admettre comme sérieuse et pouvant engager la société, toute réunion où ne se trouveraient pas au moins 4 membres, possédant ensemble 6 parts d'intérêts.

Si l'assemblée ne pouvait se constituer de cette manière, malgré plusieurs convocations successives, ce serait le cas pour les membres diligents de provoquer la dissolution de la société.

La renonciation à cette faculté légale de la convocation d'une 2e assemblée pouvant délibérer quelle que soit sa composition, ne peut être considérée comme illicite; car la loi a voulu, en organisant les assemblées générales, protéger les associés et obtenir des délibérations sérieuses; et la renonciation en question tend directement à ce but en protégeant même plus efficacement les membres de la société.

(95) V. note 39.

Art. 23.

Les délibérations de l'assemblée générale sont constatées par des procès-verbaux inscrits sur un registre spécial, et signés du président et du secrétaire.

Une feuille de présence, contenant les noms et domiciles des membres de l'assemblée et le nombre de parts d'intérêts appartenant à chacun d'eux, est certifiée par le bureau et annexée au procès-verbal pour être communiquée à tout requérant.

Les copies ou extraits à produire en justice ou ailleurs, des délibérations de l'assemblée, sont signées par le directeur, et visées par le commissaire.

TITRE VI.

Etats de situation. — Inventaires. — Bénéfices.

Art. 24.

L'année sociale commence le 1er janvier et finit le 31 décembre.

Par exception, le premier exercice ne comprendra que le temps écoulé depuis aujourd'hui jusqu'au 31 décembre prochain.

Art. 25.

Le directeur dresse chaque trimestre, etc., (le reste comme l'art. 52 de la première formule).

Art. 26.

Sur les bénéfices nets annuels, il est prélevé :

1° Cinq pour cent des apports en nature et en espèces, pour être payés à titre d'intérêts à tous les associés;

2° 1/20 du surplus pour le fonds de réserve qui va être établi.

L'excédant des bénéfices est attribué :

% au directeur, à titre de traitement proportionnel (96) ;

% à tous les membres de la société, en raison des parts d'intérêt appartenant à chacun d'eux.

---

(96) *Sup.*, art. 12 de la présente formule.

TITRE VII.

Fonds de réserve.

Art. 27.
Art. 28. } comme à la 1ʳᵉ formule, art. 56, 57, 58 (97).
Art. 29.

TITRE VIII.

Modification aux statuts.

Art. 30.

L'assemblée générale peut, sur l'initiative d'un de ses membres, apporter aux présents statuts les modifications dont l'utilité sera reconnue.

Elle peut décider notamment l'augmentation du fonds social, son amortissement, la prolongation et la dissolution anticipée de la société.

Art. 31.

Dans ces divers cas, l'assemblée générale n'est régulièrement constituée que lorsque les membres présents représentent la moitié du fonds social, et sont au nombre de 7 au moins (98).

Les résolutions, pour être valables, doivent être votées à la majorité de 2/3 des membres présents.

---

(97) Sauf à modifier certaines locutions qui ne conviendraient pas à la présente formule, telles que : *les actionnaires, les administrateurs le conseil d'administration*, etc. Il faut dire *les associés, le directeur*, etc.

(98) Avec la présente formule, ce nombre de sept comprendrait la totalité des associés, tant que des cessions partielles n'auraient pas eu lieu ; mais ce n'est pas trop exiger pour des résolutions qui peuvent avoir des conséquences décisives sur le sort de la société. Cette exigence ajoute à la loi, qui se borne à prescrire la représentation de la moitié du fonds social ; mais elle est valable par les motifs énoncés, *sup.*, note 91.

TITRE IX.

Dissolution ; liquidation.

Art. 32.
Art. 33.
Art. 34.
Art. 35.
} comme dans la 1re formule, art. 61, 62, 63, 64.

TITRE X.

Contestations.

Art. 36.
Art. 37.
} comme à la 1re formule les art. 65 et 66.

TITRE XI.

Dispositions transitoires.

Art. 38.

Les comparants ayant eux-mêmes apporté et même versé l'intégralité du fonds social, il n'y a pas lieu à la déclaration notariée, ni aux autres formalités prescrites par l'art. 4 de la loi du 5 mai 1863 (99).

Mais pour se conformer rigoureusement (100) à l'art. 5, *ils dé-*

---

(99) Comp. avec l'art 68, première formule.

(100) Nous disons rigoureusement et nous pourrions ajouter : surabondamment. Car l'obligation de réunir deux assemblées générales successives n'est pas applicable, selon nous, au cas où le capital entier est souscrit par l'acte de société, et immédiatement versé ; la loi a voulu prémunir les actionnaires, souscrivant postérieurement à l'acte de société, contre l'exagération autrefois trop habituelle des apports, et contre une approbation précipitée qui pourrait être donnée par surprise dans une assemblée unique. Mais ce danger est-il à craindre pour les individus, nécessairement peu nombreux, qui ont concouru à la rédaction même des statuts ? S'ils prennent ainsi part au même acte, c'est qu'ils se connaissent entre eux, qu'ils se sont concertés, renseignés, et qu'ils sont édifiés sur leur moralité respective, comme sur la valeur des apports. D'ailleurs, seuls propriétaires du fonds social, c'est sur leur propre chose qu'ils contractent, ils doivent être les maîtres de régler leur position comme ils l'entendent ; leur intérêt seul est en jeu ; et il n'y a point à se préoccuper de l'intérêt de futurs actionnaires, puisque toute l'affaire

clarent se constituer en assemblée générale pour apprécier la valeur de l'apport fait par M. A... sous l'art.

Après avoir reçu de ce dernier diverses explications et justifications ils ont déclaré s'ajourner au..... au siège social, heure de.....pour délibérer sur l'approbation à donner à l'évaluation de l'apport.

Art. 39.

Cette seconde assemblée aura lieu sans autre convocation (101).

Elle pourra, mais à l'unanimité seulement, et d'accord avec M. A...   apporter toute modification aux avantages à lui concédés en représentation de son apport.

La même assemblée nomme le directeur, et pour le premier exercice le commissaire institué par l'art. 13.

Le procès-verbal de la séance constate l'acceptation du directeur et du commissaire, s'ils sont présents à la réunion.

La société est constituée à partir de cette acceptation.

Art. 40.

L'assemblée générale réunie pour la constitution de la société se compose de tous les membres de la société.

Elle est régulièrement constituée lorsque les membres présents représentent la moitié du fonds social (102).

Lorsque l'assemblée délibère sur l'appréciation et l'approbation de l'apport, les membres présents doivent représenter la moitié du capital social versé en numéraire (103), et l'associé qui a fait l'apport n'a pas voix délibérative.

---

est concentrée dans leurs mains.

Mais comme toutes ces raisons ne suffiraient peut-être pas à rassurer les esprits timorés, effrayés des conséquences d'une irrégularité facile à éviter, nous mettons notre formule, autant que cela est possible, d'accord avec les exigences que la loi a voulues pour les sociétés par actions. V. l'Introduction.

(101) Nous ne donnons pas à cette deuxième assemblée, comme dans la 1ᵗᵉ formule (art. 69), le droit de modifier l'apport; en raison du petit nombre des intéressés, il est préfé-

rable de n'accorder ce droit qu'à l'unanimité. — *Sup.*, note 68.

(102) Pour cette clause et la suivante. Vᵒ *Sup.*, note 73.

(103) Nous ne croyons pas devoir ajouter ici à la prescription de la loi en stipulant un minimum de membres présents, comme dans le cas des art. 18 et 31; si dans les circonstances prévues par ces articles nous avons voulu la présence de quatre ou de sept membres, c'est qu'alors la société a vécu depuis plus ou moins de temps, et que les vingt parts d'intérêt qu'elle com-

La délibération est prise à la majorité des membres présents, votant par tête.

Publications.

ART. 41.

Dans la quinzaine de la constitution de la société, le directeur déposera au greffe du tribunal du commerce :

1. Une expédition de l'acte de société,

2. Une copie certifiée de la délibération prise par la seconde assemblée générale en vertu des articles qui précèdent (104).

Les mêmes documents sont affichés d'une manière ostensible dans les bureaux de la société.

ART. 42.

Dans le même délai de quinzaine, un extrait de l'acte et de la délibération dont il s'agit est transcrit, publié et affiché suivant le mode prescrit par l'art. 42 du Code de commerce.

Cet extrait, signé du directeur, doit contenir les indications prescrites par l'art. 6 de la loi du 5 mai 1863.

ART. 43.

Tous pouvoirs sont donnés au porteur des pièces pour le dépôt et la publication dont il s'agit.

Dont acte, etc.

---

prend sont peut-être, par suite de cessions partielles dans vingt mains différentes. Mais à l'origine, où nous sommes placés, nous savons que le capital en numéraire n'est réparti qu'entre six personnes, en sorte que c'est à une majorité de quatre membres au moins qu'aura lieu la décision de l'assemblée.

(104) Comp. avec l'art. 74 de la première formule. — Avec notre 2ᵉ formule, il est impossible de déposer une expédition de la déclaration notariée. — Sup., art. 38 —, et la liste des souscripteurs est inutile, puisque l'expédition de l'acte de société révèlera les noms de tous les intéressés.

TROISIÈME FORMULE (105).

Déclaration

DES FONDATEURS PRÉALABLE A LA CONSTITUTION DE LA SOCIÉTÉ.

Par-devant, etc.

Ont comparu :

1° 2° 3° etc. (106).

Lesquels déclarent que le capital de la société à responsabilité limitée fondée par eux suivant acte reçu par. . . . .
est intégralement souscrit ;

Et qu'il a été versé par chaque souscripteur une somme égale ou supérieure au quart du montant des actions par lui souscrites (107).

Ils ont représenté aux notaires soussignés une pièce (108) certifiée véritable et signée par eux, contenant :

1° La liste nominative des souscripteurs, contenant les noms, prénoms, qualités, domiciles, et le nombre d'actions de chacun d'eux (109).

2° L'état des versements effectués par les souscripteurs.

Cette pièce revêtue d'une mention signée des comparants et des notaires, a été annexée au présent acte conformément à la loi.

---

(105) Cette formule se rattache exclusivement à la première, art. 67; la deuxième formule supposant la souscription immédiate du capital entier. — Art. 38.

(106) Cet acte doit émaner des *fondateurs* de la société (art. 4 de la loi.) — Toutes les personnes qui ont concouru à l'acte de société doivent donc figurer à celui-ci.

(107) Il est à remarquer que ce que la loi ordonne ce n'est pas le versement du 1/4 du capital social, opéré indifféremment par tels ou tels actionnaires, c'est le versement par chaque actionnaire du quart des actions par lui souscrites. L'art 1er de la loi du 17 juillet 1856 était plus explicite à cet égard que l'art. 4 de la loi nouvelle; mais l'esprit des deux lois est le même, et il y a identité de raison dans l'une et dans l'autre. — V° mon *Comment. de la loi de 1856*, n° 7.

(108) La loi semble parler de deux pièces, mais il est plus rationnel de réunir dans la même la liste des souscripteurs, et en regard de leurs noms l'état des versements.

(109) C'est ainsi que doit être faite la liste à déposer au tribunal de commerce (art. 8 de la loi; il est convenable que la liste déposée chez le notaire soit pareille.

QUATRIÈME FORMULE (110).

Extrait (111)

A PUBLIER ET AFFICHER DANS LA QUINZAINE DE LA CONSTITUTION, SUIVANT LE MODE PRESCRIT PAR L'ARTICLE 42, CODE COM. (112).

I.

De l'acte de société.

Suivant acte reçu par M.   le...... enregistré à..... le

Il a été formé (113) une société à responsabilité limitée, désignée sous la dénomination de.....

Elle a pour objet.....

Le siége est à ...,

Le fonds social, tant en espèces qu'en autres objets, a été fixé à 6 millions.

La société est administrée par un conseil composé de 12 membres et se renouvelant par 1/6 chaque année.

---

(110) Cette formule est aussi destinée à servir de complément à la première, — art. 74 et 75; mais elle peut être facilement appropriée à la deuxième, — art. 41 et 42.

(111) Quoiqu'il y ait plusieurs pièces à publier, la loi (art. 9) prescrit un extrait unique, signé des administrateurs. En fait, il doit y avoir nécessairement plusieurs extraits, mais ils peuvent être placés à la suite les uns des autres, sans intervalle, et ne porter qu'une fois, à la fin, la signature des administrateurs.

(112) Suivant l'art. 42, C. comm., l'extrait doit être :

1° Déposé au greffe du tribunal de commerce pour être transcrit sur le registre et affiché pendant trois mois dans la salle des audiences.

2° Inséré dans les journaux désignés par le préfet, et dont un exemplaire, certifié par l'imprimeur, est légalisé par le maire et enregistré dans les trois mois.

Le tout à peine de nullité entre les associés, sans que cette nullité puisse être par eux opposée aux tiers. — Comp., art. 24 de la loi nouvelle.

(113) Il est inutile d'indiquer les noms des fondateurs qui ont concouru à l'acte de société; il suffit de faire connaître les noms des administrateurs, — art. 9 de la loi, et ces noms sont révélés par l'extrait de la délibération de la deuxième assemblée générale.

Un comité de 3 membres choisis par le conseil d'administration dans son sein est chargé de l'exécution de ses décisions.

Il a été constitué un fonds de réserve composé de 1/20 à prélever sur les bénéfices annuels.

La société a commencé le...., jour de sa constitution définitive, et elle doit expirer le

Les soussignés ont fait (114) au greffe du tribunal de commerce à la date du....., le dépôt prescrit par l'art. 8 de la loi du 5 mai 1863.

II.

De la déclaration des fondateurs (115).

Suivant acte reçu par M.   le   enregistré à..... le...

Les fondateurs de la société ont déclaré que le capital était intégralement fourni et le quart de chaque action versé.

Et ils ont représenté, pour l'annexer à cet acte, une pièce contenant la liste nominative des souscripteurs et l'état des versements opérés.

III.

Des délibérations de l'assemblée générale des actionnaires.

1. Suivant délibération en date du   l'assemblée générale, après avoir pris connaissance de l'apport fait dans la société par MM.   de

Après avoir entendu MM.   dans leurs observations, et reçu communication de divers documents tendant à justifier la valeur de leur apport.

A nommé une commission de ... membres choisis dans son sein pour prendre plus ample communication de ces documents, entendre de nouveau les explications de MM.   , et s'entourer de tous les renseignements nécessaires pour arriver à déterminer la valeur réelle de l'apport.

2. Suivant une 2e délibération en date du   l'assemblée générale, après avoir entendu le rapport de sa commission, et

---

(114) D'où il suit que ce dépôt doit nécessairement précéder la publication et l'affiche de l'extrait.

(115) V. troisième formule.

conformément aux conclusions de ce rapport, a déclaré approuver l'attribution faite à MM... de 2000 actions en représentation de leurs apports, ainsi que l'allocation faite aux administrateurs de ... p. 0/0 sur les bénéfices annuels.

La même assemblée a nommé pour composer le conseil d'administration 1°, 2°, 3°, 4°, 5°, 6°, 7°, 8°, 9°, 10°, 11°, 12°.

Elle a nommé pour commissaires 1°, 2°.

Les administrateurs et les commissaires ont déclaré accepter leurs fonctions.

En conséquence la société s'est trouvée définitivement constituée.

Les Administrateurs :

(Suivent les 12 signatures.)

APPENDICE

EXPOSÉ DES MOTIFS DU PROJET DE LOI.

Le Code de commerce reconnaît l'existence et règle l'organisation de trois espèces de sociétés : les sociétés en nom collectif, les sociétés anonymes et les sociétés en commandite.

Celles-ci peuvent se subdiviser en deux classes : les sociétés en commandite ordinaires ou à parts d'intérêt, et les sociétés en commandite par actions.

Le projet qui vous est présenté a pour objet l'établissement d'une nouvelle espèce de société.

L'article 1er en indique le caractère principal, en disant qu'aucun de ses membres n'est tenu au delà de sa mise, et qu'elle n'est point cependant soumise à l'examen et à l'approbation du Gouvernement.

Ainsi, elle diffère des sociétés en nom collectif, dans lesquelles tous les associés sont solidairement tenus et sur tous leurs biens du paiement des dettes sociales ; des sociétés en commandites, en ce qu'elle n'a point de gérant indéfiniment responsable envers des tiers ; enfin des sociétés anonymes, puisqu'elle se constitue par la seule volonté de ceux qui la composent.

Pour donner une idée complétement exacte des considérations qui ont déterminé le Gouvernement à vous proposer d'introduire dans notre législation cette forme nouvelle d'association commerciale, il n'est pas inutile de rappeler quelques circonstances qui ont exercé sur sa résolution une certaine influence.

Les dispositions du titre III du livre 1er du Code de commerce ont longtemps assuré une protection efficace aux intérêts industriels et commerciaux engagés dans les nombreuses sociétés qui se sont formées sous leur empire. Elles ont paru concilier la liberté qu'il faut laisser aux conventions privées et les garanties que réclame l'intérêt public.

Mais, à une époque récente, des désordres dont il était impossible de contester la gravité se sont manifestés ; le Gouvernement s'en est ému, vous avez éprouvé la même impression et reconnu comme lui la nécessité de combattre un système de fraude qui menaçait de prendre chaque jour plus d'extension et de produire des effets plus fâcheux.

C'est de cette communauté de vues, de cet accord de sentiments entre le Gouvernement et le Corps législatif qu'est née la loi du 17 juillet 1856.

Vous savez quel a été son but. Elle a voulu écarter le dol de la constitution des sociétés en commandite par actions, organiser une surveillance sérieuse des actes de la gérance, punir des faits moralement aussi coupables que ceux qui constituent l'escroquerie ou l'abus de confiance et contre lesquels nos lois pénales ne contenaient point de dispositions répressives; elle a voulu, par l'ensemble de ces mesures, défendre les actionnaires contre leurs propres entraînements, les protéger contre des manœuvres souvent grossières, mais dont une extrême crédulité a plus d'une fois rendu le succès facile.

Les résultats ont exactement répondu à ces intentions. Les combinaisons frauduleuses, déconcertées par de sages précautions, intimidées par la perspective d'un juste châtiment, ont à peu près disparu. Mais on a cru pouvoir signaler, à côté de ces bons effets de la loi, des conséquences regrettables. On a prétendu qu'elle avait dépassé le but et que, si elle avait empêché les mauvais desseins de réussir, elle avait arrêté l'exécution des projets honnêtes.

Ces critiques se sont renouvelées plusieurs fois et, dans quelques occasions, avec assez d'autorité pour que le Gouvernement ait cru devoir en faire l'objet d'un sérieux examen.

Il s'est convaincu, par une nouvelle étude des dispositions de la loi de 1856, rapprochées des applications qu'elles ont reçues devant les tribunaux, qu'elles avaient, en prévenant les entreprises de la fraude, laissé aux associations loyales toute la liberté désirable, qu'elles avaient déterminé avec clarté les fonctions des membres des conseils de surveillance et celles des gérants, en imposant aux uns et aux autres, conformément aux règles du droit commun, la responsabilité inhérente à la nature de leurs attributions; que les pénalités qu'elles prononçaient s'appliquaient avec justice à des faits coupables et nuisibles, sciemment et volontairement accomplis; qu'enfin, si on avait vu le nombre des sociétés en commandite par actions diminuer, il ne fallait ni s'en étonner, ni s'en plaindre; que c'était un résultat prévu et même espéré, auquel d'ailleurs avaient contribué, dans une certaine mesure, les événements politiques et la situation économique qui en a été la conséquence.

Si donc, les observations sur lesquelles a été appelée l'attention du Gouvernement s'étaient bornées à remettre en question la sagesse et l'utilité des dispositions de la loi du 17 juillet 1856, nous n'aurions point à soumettre à votre appréciation un projet de loi relatif aux sociétés de commerce. Mais les principes qui sont la base de notre législation sur les associations commerciales ont été contestés dans quelques-unes de leurs applications, dont les jurisconsultes et les économistes s'accordaient à faire l'apologie et dont l'utilité semblait démontrée par une longue expérience.

Ainsi, le mécanisme si ingénieux des sociétés en commandite par actions, au moyen duquel les efforts de l'intelligence et du travail s'unissent à la puissance des capitaux, et qui a produit de si excellents effets, n'a point échappé à la critique.

Les sociétés en commandite sont, a-t-on dit, formées de deux éléments distincts toujours en présence, souvent en état de lutte : la gérance, investie d'un pouvoir absolu pour l'administration des affaires sociales, et la commandite, condamnée à une inaction presque complète.

Si, a-t-on ajouté, les commanditaires se renferment dans la stricte légalité, leurs intérêts sont à la merci d'un gérant infidèle ou incapable ; ils ne peuvent ni lui donner l'impulsion qui leur paraît bonne, ni résister à sa direction s'ils la croient mauvaise. Les assemblées générales sont réduites à l'examen rétrospectif des faits accomplis; toute délibération, tout acte qui sort des limites qui leur sont imposées peut constituer une immixtion et donner naissance à la redoutable responsabilité établie par les art. 27 et 28 du Code de commerce.

Si, au contraire, les conventions statutaires restreignent les pouvoirs de la gérance, si elles en transportent une partie à l'assemblée générale, elles ont un double inconvénient; elles ne font point disparaître les dangers de l'immixtion, car il ne dépend pas de la volonté des parties de déroger à une disposition protectrice des droits des tiers, et le gérant dépouillé de son autorité se trouve dans une position singulière; il reste exposé à la responsabilité d'actes qui ne sont pas émanés de sa libre initiative.

Le régime des sociétés anonymes a aussi trouvé des détracteurs.

On le sait, les sociétés anonymes ne peuvent exister, aux termes de l'article 37 du Code de commerce, qu'avec l'autorisation de l'Empereur et avec son approbation pour l'acte qui les constitue.

Nécessairement, a-t-on dit, l'instruction qui précède le décret d'autorisation exige un certain temps ; elle entraîne des lenteurs toujours funestes au succès des entreprises commerciales.

Des justifications dont la nature et l'étendue ne sont point déterminées doivent être fournies soit à l'administration, soit au Conseil d'Etat, dont sans cela l'examen serait inutile et même impossible.

L'autorisation peut être retirée, s'il apparaît que la société s'écarte des statuts qui ont été approuvés.

Ainsi sa formation et sa durée ne dépendent pas de la seule volonté de ses membres ; elle est placée en dehors du principe de la liberté des conventions.

Enfin, si cette forme spéciale peut convenir à de vastes associations ayant pour objet l'exécution ou l'exploitation de grands travaux d'utilité publique ou d'autres entreprises semblables, elle est évidemment inapplicable aux opérations ordinaires du commerce.

Dans ces appréciations du régime des sociétés en commandite par actions et des sociétés anonymes, il y a des remarques judicieuses et des faits bien observés ; mais il faut reconnaître qu'elles présentent un caractère évident d'exagération.

Dans la réalité, les sociétés en commandite par actions ne sont point tour à tour livrées au pouvoir despotique d'un gérant ou gouvernées par les caprices d'une assemblée. Une longue expérience a démontré que la conciliation entre l'autorité de la gérance et les droits de la commandite n'est ni aussi difficile, ni aussi rare qu'on a paru le penser. Certainement on peut affirmer que les sociétés dans lesquelles règne une parfaite harmonie sont beaucoup plus nombreuses que celles qui sont troublées par des dissensions intérieures, et cela se comprend très-bien lorsqu'on ramène à leur juste mesure les conséquences de l'antagonisme qui existe entre les éléments de la société en commandite.

Sans doute, l'administration appartient exclusivement au gérant, et l'intérêt de la société, comme les principes du droit, veulent qu'il soit libre dans l'exercice de ses pouvoirs ; mais aux commanditaires appartiennent la surveillance et le contrôle de ses actes; la loi leur défend seulement d'intervenir dans les opérations de la gestion. La difficulté que présente en théorie la détermination précise du point où finit la surveillance et commence la gestion, tend à disparaître dans la pratique. La sagesse des tribunaux a donné sur ce point des solutions aussi nombreuses et aussi variées que les espèces qui les ont provoquées. Réunies, elles forment aujourd'hui un corps de doctrine qui est un guide assuré pour les jurisconsultes et pour les commerçants.

Pour les sociétés anonymes, il convient d'abord de rappeler les raisons qui rendent nécessaire l'autorisation du Gouvernement.

En matière d'obligations conventionnelles, il y a un principe fondamental qu'exprime avec autant de précision que de force l'axiome : *Qui s'oblige oblige le sien*, qui est également consacré, et presque dans les même termes, par les art. 2092 et 2093 du Code Napoléon.

Ainsi, quand un engagement est formé, il faut qu'il s'exécute; et tous les biens de celui qui l'a contracté sont affectés à cette exécution. Dans les sociétés en commandite, la règle est respectée. Si les commanditaires ne sont tenus que jusqu'à concurrence de leurs mises, c'est parce qu'ils se sont bornés à promettre de verser leurs fonds entre les mains du gérant, qui, personnification de la société, contracte avec les tiers et par suite est tenu envers eux, non-seulement sur tous les biens de la société, mais aussi sur tous les siens. Dans les sociétés anonymes, ce sont les associés réunis qui s'engagent personnellement, puisque les administrateurs ne sont que leurs mandataires. Les associés devraient donc être tenus sur tous leurs biens des obligations sociales. C'est par dérogation au droit commun, par une faveur spéciale, que la responsabilité est limitée aux sommes formant l'ensemble des mises sociales. Mais cette exception s'explique par cette considération que l'autorité publique, protectrice des intérêts généraux, s'est assurée que la société est loyalement constituée, qu'elle a un capital suffisant et qu'elle n'a en vue que des opérations honorables.

Pour obtenir l'autorisation qui leur est nécessaire, les sociétés anonymes n'ont ni longs délais à subir ni grandes difficultés à vaincre. On leur demande de présenter des souscriptions sérieuses, un capital convenable, des apports sincères, c'est-à-dire des garanties pour la société contre ses administrateurs, et pour les tiers contre la société.

Toutes les sociétés dans lesquelles on trouve sous ces différents rapports des sûretés satisfaisantes obtiennent avec la même facilité et la même promptitude l'approbation de leurs statuts. Jamais la pensée de faveur, de concession de privilége n'entre dans l'appréciation qui précède le décret d'autorisation et dans les motifs qui déterminent à le rendre.

Après avoir réduit à leur juste valeur les reproches et les critiques, après avoir rétabli la vérité des faits et restitué aux différentes espèces d'associations aujourd'hui existantes le caractère propre à chacune d'elles, le Gouvernement a soumis au plus consciencieux examen l'importante question de savoir si, dans l'intérêt de l'industrie et du commerce, il était opportun d'ajouter aux trois formes de sociétés qui sont reconnues par les lois en vigueur, une société ayant une forme et une organisation différentes.

Le projet qui vous est présenté est le résultat de délibérations, dans lesquelles les théories juridiques, l'expérience des praticiens, les principes de l'économie sociale et les progrès de la législation chez les nations voisines ont été consultés et mis à profit.

Le premier article, nous l'avons déjà fait remarquer, caractérise très-nettement le régime nouveau.

Il déclare qu'on pourra former des associations qui, sous le nom de *sociétés à responsabilité limitée*, ne seront point soumises à l'autorisation exigée pour les sociétés anonymes, et dans lesquelles, néanmoins, aucun des associés ne sera tenu au delà de sa mise.

Les avantages et les facilités que présente ce système frappent au premier coup d'œil.

C'est la liberté pour la constitution de la société, la liberté pour son administration, avec la limitation de la responsabilité individuelle à la mise de chaque associé, et de la responsabilité collective au fonds social.

Il serait difficile de proposer des combinaisons meilleures pour les associés et plus séduisantes pour les capitaux.

Mais la sollicitude du législateur ne doit pas s'attacher d'une manière exclusive à ce qui peut favoriser les sociétés au moment de leur formation et attirer les sommes nécessaires à la constitution du fonds social; sa vue doit s'étendre plus loin, embrasser les divers intérêts qui peuvent se trouver en opposition avec ceux des associés et accorder à tous une égale protection.

Or, il faut en convenir, la confiance publique serait souvent trompée s'il était permis à tous ceux qui en auraient la pensée de former des associations qui ne seraient soumises à aucun contrôle, à aucune règle spéciale, à aucune conditoin particulière, et qui pourraient contracter des engagements sans autre garantie qu'un capital, la plupart du temps insuffisant.

Si l'on tolère que les obligations des sociétés anonymes n'aient pour gage que le montant des mises sociales, c'est parce que, on ne saurait trop insister sur ce point, une légitime présomption de sagesse et de bonne foi s'attache à des statuts qui ont obtenu l'approbation de l'autorité souveraine.

Le projet tend au même but en employant des moyens différents. Il ne place point la garantie des tiers dans un examen préalable du contrat social; il laisse à la volonté des parties plus d'indépendance. Mais, pour empêcher la fraude ou l'imprudence d'abuser de la liberté qu'il accorde, il impose des conditions à la constitution des sociétés, il prescrit pour leur administration des règles auxquelles elles devraient, dans leur intérêt bien entendu, se soumettre de leur propre mouvement.

En s'engageant dans cette voie, on avait un double écueil à éviter, l'excès de précaution et l'insuffisance de garantie. L'un rendrait impossible la formation des sociétés, l'autre ne donnerait point au public la sécurité nécessaire, et par cela même écarterait la confiance et le crédit.

Les dispositions dont nous allons présenter l'analyse vous paraîtront, nous osons l'espérer, se maintenir, entre ces extrémités opposées, dans les bornes de la modération, et donner aux intérêts de toute nature la satisfaction qu'ils ont droit de demander.

Il importe, avant tout, que personne ne puisse être trompé sur la valeur et l'étendue des garanties qu'offriront les sociétés à responsabilité limitée. Le meilleur moyen pour prévenir les erreurs, c'est d'obliger les associations de ce genre à proclamer elles-mêmes, dans tous les actes par lesquels elles manifestent leur existence, leur nature spéciale.

L'article 2 leur impose ce devoir et punit toute infraction d'une amende de 50 fr. à 1,000 fr.

Lorsque le nouveau régime sera entré dans les mœurs commerciales, peut-être pourra-t-on se relâcher de cette sévérité; mais, dans les premiers temps, il faut s'armer de rigueur contre ceux qui, par un calcul frauduleux, ou même seulement par négligence, laisseraient ignorer aux tiers leur situation exceptionnelle.

Si la disposition est fidèlement observée, elle empêchera qu'il ne s'élève de légitimes réclamations. Des créanciers ne seront point autorisés à se plaindre de l'insuffisance des ressources affectées à leur paiement, lorsque sur leur titre même ils auront lu la mention que ces ressources étaient limitées au capital de la société ; que, par conséquent, ils n'avaient aucun droit sur les biens personnels des associés.

Après avoir dit que ce salutaire avertissement sera donné et répété toutes les fois que l'occasion pourra s'en présenter, le projet s'occupe des règles spéciales qui doivent présider à la constitution de la société et des conditions auxquelles est subordonnée sa validité.

Il exige d'abord le concours de dix personnes au moins, et il ne permet pas que le capital social soit inférieur à 200,000 fr., ou supérieur à dix millions.

Il était indispensable de renfermer ainsi dans certaines limites le nombre des associés et le capital social.

Les sociétés à responsabilité limitée ont un objet sur lequel il ne faut pas se méprendre et dont on ne doit pas souffrir qu'elles s'écartent ; elles sont instituées pour favoriser, dans l'intérêt des opérations ordinaires du commerce et de l'industrie, les associations de capitaux.

Or, une société entre moins de dix associés sera, la plupart du temps, fondée sur les convenances personnelles de ceux qui voudront l'établir, et pour les satisfaire ils pourront employer la forme de la société en nom collectif ou de la société en commandite.

Lorsqu'une somme inférieure à 200,000 fr. sera assez considérable pour fournir l'aliment nécessaire aux opérations sociales, les procédés qui sont maintenant en usage seront assez puissants pour constituer un pareil capital.

Enfin, s'il s'agit de travaux ou de spéculations auxquels il soit indispensable de consacrer un capital supérieur à dix millions, on sera évidemment en dehors des opérations d'intérêt privé, objet habituel de l'activité commerciale ou industrielle, et l'on devra recourir soit à la société anonyme soit à la société en commandite par actions.

Aux termes de l'art. 31 du Code de commerce, les sociétés anonymes sont administrées par des mandataires à temps, révocables, associés ou non, salariés ou gratuits.

L'article 7 du projet reproduit cette disposition, en exigeant toutefois que les administrateurs soient pris parmi les associés et qu'ils soient propriétaires, par portions égales, du dixième au moins du capital social.

Pour la société, comme pour les tiers, il est très-important que l'administration ne puisse être confiée qu'à ceux qui sont personnellement intéressés au succès de l'entreprise; et pour que cette obligation ne soit pas éludée, il a fallu fixer non-seulement la part du capital social qui doit appartenir aux administrateurs réunis, mais aussi celle dont chacun d'eux doit être individuellement propriétaire.

Ce ne sont point là les seules dispositions qui soient relatives à la constitution de la société; il en est d'autres non moins importantes, qui sont contenues dans les articles 4, 5, 6, 9, 10, 11, 12 et 13. Mais celles-ci sont empruntées à la loi du 17 juillet 1856, dans la partie qui n'a trouvé que des approbateurs. Nous devons donc nous borner à en indiquer la substance, en ayant soin de signaler les modifications que la différence des deux espèces de sociétés a rendues nécessaires.

L'art. 4 détermine le chiffre des actions ou des coupons d'actions, eu égard au chiffre du capital social.

Il ne permet de constituer la société qu'après la souscription de la totalité du capital social, et le versement du quart au moins du capital qui consiste en numéraire.

Il veut que cette souscription et ce versement soient constatés par une déclaration des fondateurs faite par acte notarié.

Le sens du mot *fondateurs* n'est point déterminé par un texte formel. Mais dans la pratique personne ne se méprendra sur les personnes qu'il désigne. Une société, surtout une société nombreuse ne se forme point par le consentement spontané de tous ses membres; l'idée première appartient toujours à une ou à quelques personnes qui, après l'avoir mûrie, cherchent à la propager. Elles sollicitent et obtiennent des adhésions, elles fondent véritablement la société.

Le vœu de la loi est que les fondateurs soient associés. Le premier titre ne peut convenir qu'à ceux qui ont droit au second. Un individu qui par ses soins parviendrait à déterminer un certain nombre de capitalistes, de commerçants ou d'industriels à former une société à laquelle il resterait étranger, ne serait qu'un agent, un intermédiaire ; on ne pourrait lui donner le titre de fondateur et considérer comme digne de quelque confiance sa déclaration que le capital est souscrit en entier et que le quart a été versé.

Les art. 5 et 6 reproduisent sans modifications des dispositions qui déterminent l'époque où les actions peuvent cesser d'être nominatives, et le moment où elles deviennent négociables ; ils règlent aussi la durée de la responsabilité des souscripteurs, et le mode de vérification des apports qui ne consistent pas en numéraire, ou des avantages particuliers accordés à l'un des associés.

Les articles 9, 10, 11 et 13 appliquent aux actes constitutifs des sociétés à responsabilité limitée les formalités qui sont prescrites par les articles 42, 43, 44 et 46 du Code commerce, pour donner de la publicité aux actes de société en général.

Mais il a paru nécessaire d'introduire dans ces articles quelques légers changements.

Ainsi, l'article 42 du Code de commerce fait courir de *la date* des actes de société le délai de quinzaine dans lequel ils doivent être publiés. Cela ne pouvait être autrement pour des sociétés qui sont constituées du jour même où les actes sont signés, mais lorsque la constitution de la société est subordonnée à des conditions dont l'accomplissement est nécessairement postérieur au contrat, la date du contrat ne peut être le point de départ du délai de quinzaine ; c'est évidemment le jour de l'accomplissement des conditions.

Le second paragraphe de l'article 9 est explicite à cet égard.

Au nombre des énonciations que doit contenir l'extrait dont la publication est ordonnée, la mention que : *la société est à responsabilité limitée*, est prescrite comme l'une des plus importantes.

Une première sanction est écrite dans l'article 11, qui déclare nulle toute société constituée contrairement aux règles précédentes. Le même article désigne ceux à l'égard desquels la nullité est prononcée et ceux qui ne peuvent l'opposer aux tiers, et il emploie les expressions : *intéressés* et *associés*, dont se sert l'article 42 du Code de commerce, et dont la jurisprudence a depuis longtemps fixé le sens.

En outre, l'article 12 fait peser sur les administrateurs les conséquences de l'annulation ; il les oblige à payer les créanciers qui seraient lésés par suite de la nullité prononcée et réserve aux associés leurs recours pour le cas où ils éprouveraient aussi quelque préjudice.

Cette responsabilité résulte, pour les administrateurs, de leur qualité même et des devoirs qu'elle leur impose.

Ils sont nommés, aux termes de l'article 8, aussitôt que la souscription totale du capital social et le versement du quart sont constatés dans la forme prescrite par le troisième paragraphe de l'article 4.

En entrant en fonctions, leur premier soin doit être de vérifier si les dispositions des articles 3, 4, 5, 6, 7 et 8 ont été observées; ils doivent ensuite remplir les formalités de publication, conformément aux articles 9 et 10.

Ce sont des devoirs dont l'accomplissement est facile et dont par conséquent l'inexécution n'est point excusable.

Si ceux qui acceptent les fonctions d'administrateurs ne les remplissent pas ou les remplissent mal, s'ils compromettent par là les intérêts des tiers ou ceux de leurs coassociés, il est juste qu'ils réparent le préjudice qu'a causé leur négligence.

A l'article 13 s'arrêtent les dispositions relatives à l'établissement de la société, et à l'art. 14 commencent celles qui tracent les règles de l'administration.

La direction et la surveillance des affaires sociales sont confiées, avec des attributions et des obligations diverses, aux administrateurs, à l'assemblée générale et à des commissaires spéciaux nommés chaque année.

Les administrateurs sont élus par l'assemblée générale; ils ne peuvent l'être pour plus de six ans; mais ils sont toujours rééligibles, sauf stipulation contraire (art. 14.)

Ce délai de six ans suffit pour maintenir dans le sein de l'administration l'uniformité de vues et l'esprit de suite si utiles pour la bonne direction des affaires; d'un autre côté, les actionnaires ne sont pas privés de la faculté de remplacer ceux des administrateurs qui ne leur paraissent pas devoir être conservés.

Le projet ne s'explique point sur les pouvoirs généraux des administrateurs; il se réfère à cet égard au droit commun. Mais il indique avec précision certaines obligations auxquelles ils sont assujettis et certains actes qui leur sont interdits.

Premièrement, ils sont tenus de dresser chaque année le bilan de la situation active et passive de la société, de le présenter avec leurs comptes à l'assemblée générale, d'en solliciter et d'en obtenir l'approbation, de faire publier et afficher le bilan dans la quinzaine et de mettre à la disposition de chaque associé une copie ou un exemplaire tant du bilan approuvé que du rapport des commissaires (art. 18 et 21).

En second lieu, il n'est pas permis aux administrateurs de prendre ou de conserver un intérêt direct ou indirect dans une opération quelconque faite avec la société ou pour son compte.

Il fallait éviter qu'ils fussent placés entre leur intérêt et celui de la société; c'eût été une situation délicate, dans laquelle l'intérêt de la société aurait pu souvent être mal défendu et quelquefois ouvertement sacrifié.

Troisièmement enfin, défense est faite aux administrateurs de distribuer ou de laisser distribuer des dividendes non réellement acquis (art. 25).

La sanction naturelle d'une semblable disposition consiste dans l'obligation de rétablir dans la caisse de la société les sommes qui en ont été indûment retirées.

Dans quelques occasions, cette restitution pourra ne pas être la réparation entière du préjudice causé soit à des tiers, soit aux associés; les administrateurs seront obligés de la compléter.

Plus cette responsabilité peut être grave, plus il est nécessaire de bien caractériser la contravention qui lui donne naissance.

D'abord, la responsabilité doit-elle être imposée à tous les administrateurs, même à ceux qui n'auraient point personnellement concouru à la distribution illégale?

La question est clairement résolue par l'article 25. Il déclare qu'en règle générale, les administrateurs qui laissent distribuer sont, comme ceux qui distribuent, tenus solidairement de la restitution et des dommages-intérêts.

Cela est fondé sur ce qu'un acte aussi important que la distribution des dividendes est présumé l'œuvre commune et collective de tous ceux qui sont chargés de l'administration.

Si l'un des administrateurs pense que ses collègues se trompent sur le caractère des sommes dont ils se proposent de faire la distribution, il doit s'y opposer. Ce ne serait pas assez de se tenir à l'écart, de fermer les yeux, de garder le silence, de s'abstenir. Un acte formel d'opposition est nécessaire pour repousser la responsabilité.

Il ne faut pas non plus se méprendre sur la portée de ces mots : *Dividendes non réellement acquis.*

Il ne suffit pas que des opérations engagées fassent concevoir des espérances qui paraissent presque des certitudes, ni même que des conventions faites, des marchés conclus, constituent des droits véritables, des créances positives. Les résultats probables des entreprises, les effets des conventions et des traités, ne sont pas encore des bénéfices qu'on puisse distribuer. Si on en fait la répartition avant que la caisse sociale ait reçu les sommes qui en sont la représentation, c'est sur le capital social qu'est pris ce qui est donné aux actionnaires sous le nom de dividendes ; c'est là ce que les administrateurs ne peuvent faire sans se compromettre.

Au surplus, l'art. 26, par une disposition générale, décide que toutes les fois que la société ou des tiers auront éprouvé un dommage par suite d'infractions à la loi ou de fautes imputables aux administrateurs, ceux-ci en devront la réparation. C'est le droit commun, c'est notamment la règle à laquelle sont soumis tous les mandataires par les articles 1991 et 1992 du Code Napoléon.

Le projet contient quelques dispositions essentielles sur la composition des assemblées générales, sur la portion de capital qui doit y être représentée, selon l'importance des objets de leurs délibérations, et sur leur périodicité.

Il se borne à poser le principe que les résolutions sont prises à la majorité des voix ; mais il ne décide point si tout actionnaire, ne fût-il porteur que d'une seule action, aura le droit de prendre part aux délibérations ; il laisse aux statuts de chaque société le soin de résoudre la question et de fixer non-seulement le nombre d'actions nécessaire pour être admis dans l'assemblée, mais aussi le nombre de voix que doit avoir chaque actionnaire, eu égard au nombre d'actions dont il est porteur.

Une règle uniforme et immuable n'aurait pas été sans de graves inconvénients, en présence de sociétés si diverses, soit par leur composition, soit par leur importance, soit par le nombre des associés, soit par la valeur des actions (art. 15, 16 et 17).

Il était indispensable d'organiser un système de contrôle des opérations de l'administration et de sa comptabilité. Il y est pourvu de la manière suivante :

Des commissaires nommés chaque année par l'assemblée générale sont chargés de l'examen préalable du bilan et des comptes dressés par les administrateurs, et l'assemblée générale ne peut valablement délibérer, lorsqu'ils lui sont présentés, que sur le rapport des commissaires. Sans cette instruction préliminaire, les votes ne seraient pas suffisamment éclairés.

Les commissaires ont droit, toutes les fois qu'ils le jugent convenable dans l'intérêt social, de prendre communication des livres, d'examiner les opérations de la société et de convoquer l'assemblée générale.

Si ces pouvoirs ne leur étaient pas conférés, ils seraient dans l'impossibilité de rendre à la société le service qu'elle doit attendre de leur intervention; ils ne rempliraient pas le but pour lequel la loi les institue.

Leur mission est d'ailleurs clairement déterminée; elle constitue un mandat, mais un mandat renfermé dans des limites assez restreintes et dont, au surplus, l'étendue et les effets sont réglés par les principes du droit commun (art. 21, 22 et 23).

Deux articles placés sous les numéros 19 et 20 prescrivent des mesures qui sont déjà adoptées dans beaucoup de sociétés, et qui ont paru devoir être aussi avantageuses pour les associés que profitables aux tiers. L'un ordonne de faire annuellement sur les bénéfices nets un prélèvement qui est affecté à la formation d'un fonds de réserve, et qui cesse d'être obligatoire lorsque la réserve a atteint le quart du capital social; l'autre déclare qu'en cas de perte des trois quarts du capital social, la dissolution de la société doit être prononcée, soit par une délibération de l'assemblée générale, soit par une décision judiciaire; il fait un devoir aux administrateurs de provoquer la dissolution, et reconnaît à tout intéressé le droit de la demander.

Le fonds de réserve établit une sage et prévoyante compensation entre les résultats de la bonne et de la mauvaise fortune; il emprunte au présent au profit de l'avenir; il est un motif de confiance pour les tiers; une ressource et un élément de crédit pour la société.

La dissolution, obligée quand les trois quarts du capital social sont perdus, empêchera les gens honnêtes de s'aveugler sur leur situation et de courir à une ruine complète; elle empêchera surtout de tromper le public par une apparence de vie, lorsque, dans la réalité, la société ne peut plus exister.

Presque toutes ces dispositions, aussi bien celles qui concernent les administrateurs que celles-qui sont relatives aux assemblées générales, aux commissaires, au fonds de réserve et aux effets de la perte d'une partie notable du capital social, sont empruntées aux statuts des sociétés anonymes et des sociétés en commandite qui sont le mieux constituées. Elles doivent donc être considérées bien moins comme imposées par l'autorité du législateur que comme l'expression de la volonté probable des parties intéressées.

Les contraventions et les délits, qui sont prévus par les articles 27 et 28, sont précisément ceux que punissent les articles 11, 12 et 13 de la loi du 17 juillet 1856. Les mêmes peines doivent atteindre les mêmes faits, quelles que soient d'ailleurs les associations à l'occasion desquelles ils ont lieu ; spécialement, les administrateurs des sociétés à responsabilité limitée qui, en l'absence d'inventaires ou au moyen d'inventaires frauduleux, distribuent des dividendes non réellement acquis, ne peuvent échapper au châtiment, qui, en pareil cas, atteint les gérants des sociétés en commandite par actions.

Si même la loi devait faire une distinction, ce serait contre les premiers qu'elle pourrait s'armer d'une sévérité plus grande.

Le dernier article a pour but de rendre moins dispendieux les procès dans lesquels se trouvent souvent engagés un grand nombre d'associés ayant un intérêt commun.

C'est une faveur qu'il était juste d'accorder aux nouvelles sociétés, puisqu'elle a été déjà accordée aux sociétés en commandite par actions. Le Gouvernement ne négligera jamais l'occasion de donner à l'esprit d'association les moyens légitimes de se développer.

La législation anglaise sur les sociétés de commerce a reçu depuis quelques années d'importantes modifications.

Autrefois la règle générale était que dans toutes les sociétés, même dans celles qui n'avaient point révélé leur existence par des manifestations publiques, chaque associé, lorsque sa qualité était constatée, était tenu sur tous ses biens de la totalité des dettes sociales.

Aujourd'hui, par une transition un peu brusque, dans le plus grand nombre des associations, moyennant l'accomplissement de certaines formalités et en se soumettant à des conditions déterminées, chaque associé n'est tenu que jusqu'à concurrence de sa mise.

Pour arriver à cette situation, il y a nécessité de faire enregistrer l'acte de société dans un bureau spécial, mais aucune autorisation n'est exigée.

Ce régime a, avec celui que nous vous proposons d'inaugurer, de nombreuses analogies, et si vous adoptez le projet qui vous est présenté, les deux législations seront semblables, autant que le permettent les différences qui existent entre les institutions, les mœurs, le caractère national et les conditions économiques des deux pays.

D'ailleurs, vous le savez, un traité récent entre la France et l'Angleterre (1) « accorde à toutes les compagnies et autres associations
» commerciales ou financières constituées ou autorisées suivant
» les lois particulières à l'un des deux pays, la faculté d'exercer
» tous les droits et d'ester en justice devant les tribunaux, soit
» pour intenter une action, soit pour y défendre, dans toute l'é-
» tendue des États et possessions de l'autre puissance, sans autre
» condition que de se conformer aux lois des desdits États et
» possessions. »

L'effet de cette convention sera de permettre aux sociétés anglaises, à responsabilité limitée, d'avoir en France une existence légale, d'y faire toutes les opérations, en vue desquelles elles auront été établies, d'y jouir de tous les avantages qui résultent de l'organisation spéciale, dont nous avons essayé d'indiquer le mécanisme.

Cette circonstance nous semble donner au projet un caractère d'opportunité manifeste. Les commerçants, les industriels français n'ont-ils pas le droit de demander que notre législation leur assure, pour se procurer des capitaux au moyen des associations, toutes les ressources, toutes les facilités dont jouissent leurs puissants et habiles voisins? ne sont-ils pas aussi autorisés à repousser les objections qu'on pourrait opposer à l'établissement en France des sociétés nouvelles, en citant les bons résultats qu'elles ont déjà produits en Angleterre, en faisant remarquer qu'il serait aussi injuste qu'inconséquent de permettre aux sociétés à responsabilité limitée d'origine britannique de fonctionner en France et de proscrire celles qui seraient nées sur le territoire national ?

____

(1) Il porte la date du 15 mai 1862.

La loi qui est soumise à vos délibérations n'aura point pour effet, dans la pensée du Gouvernement, de substituer la forme d'association qu'elle autorise aux autres espèces de sociétés aujourd'hui existantes. Celles-ci ont aussi leurs avantages ; les garanties qu'offrent, dans les sociétés en nom collectif, la responsabilité de tous les associés, dans les sociétés en commandite, la présence du gérant, dans les sociétés anonymes, l'approbation du gouvernement, pourront, en beaucoup d'occasions, leur faire accorder la préférence. La société nouvelle viendra prendre sa place à côté des autres, elle ne doit pas avoir plus de prétention. Mais elle sera certainement un moyen de plus, et un moyen efficace, pour donner à l'esprit d'association de la puissance et de l'activité, à l'industrie et au commerce de la force et de la confiance.

Nous espérons que vous partagerez notre conviction, et que vous adopterez le projet qui vous est présenté par le gouvernement comme réalisant une amélioration incontestable dans une partie importante de la législation commerciale.

Le Conseiller d'État, Rapporteur,

DUVERGIER.

LES COMMISSAIRES DU GOUVERNEMENT SONT :

MM. VUILLEFROY, Président de Section.

SUIN,
DUVERGIER,   } Conseillers d'État.

PROJET DE LOI

SUR LES SOCIÉTÉS A RESPONSABILITÉ LIMITÉE

Art. 1er.

Il peut être formé, sans l'approbation et l'autorisation exigées pour les sociétés anonymes par l'art. 37 du Code de commerce, des sociétés dans lesquelles aucun des associés n'est tenu au delà de sa mise.

Ces sociétés prennent le titre de : *Sociétés à responsabilité limitée.*

Elles sont soumises aux dispositions des art. 29, 30, 32, 33, 34, 36 et 40 du Code de commerce.

Art. 2.

Dans tous les actes, factures, enseignes, annonces, publications et autres documents émanés des sociétés à responsabilité limitée, la dénomination sociale doit toujours être précédée ou suivie immédiatement de ces mots écrits en toutes lettres : *Sociétés à responsabilité limitée.*

Toute contravention à la présente disposition est punie d'une amende de 50 à 1,000 fr.

Art. 3.

Le nombre des associés à responsabilité limitée ne peut être au-dessous de dix.

Le capital ne peut être inférieur à 200,000 fr. Il ne peut excéder 10 millions.

Est nulle toute stipulation ayant pour effet de diminuer le capital social au-dessous de 200,000 fr. ou de l'augmenter au-dessus de 10 millions, soit par des modifications apportées aux statuts, soit par des émissions de nouvelles séries d'actions.

Art. 4.

Les sociétés à responsabilité limitée ne peuvent diviser leur capital en actions ou coupons d'actions de moins de 100 fr., lorsque ce capital n'excède pas 200,000 fr., et de moins de 500 fr. lorsqu'il est supérieur.

Elles ne peuvent être définitivement constituées qu'après la souscription de la totalité du capital social, et le versement du quart au moins du capital qui consiste en numéraire.

Cette souscription et ces versements sont constatés par une déclaration des fondateurs, faite par acte notarié.

A cette déclaration sont annexés la liste des souscripteurs, l'état des versements faits par eux et l'acte de société.

Art. 5.

Les actions des sociétés à responsabilité limitée sont nominatives jusqu'à leur entière libération.

Les souscripteurs d'actions sont, nonobstant toute stipulation contraire, responsables du montant total des actions par eux souscrites.

Les actions ou coupons d'action ne sont négociables qu'après le versement des deux cinquièmes.

Art. 6.

Lorsqu'un associé fait, dans une société à responsabilité limitée, un apport qui ne consiste pas en numéraire, ou stipule à son profit des avantages particuliers, l'assemblée générale des actionnaires fait apprécier la valeur de l'apport ou la cause des avantages stipulés.

La société n'est définitivement constituée qu'après approbation dans une réunion ultérieure de l'assemblée générale.

Les associés, qui ont fait l'apport ou stipulé des avantages soumis à l'appréciation et à l'approbation de l'assemblée générale, n'ont pas voix délibérative.

Art. 7.

La société à responsabilité limitée est administrée par des mandataires à temps, révocables, associés, salariés ou gratuits.

Les administrateurs doivent être propriétaires, par parts égales, d'un dixième au moins du capital social.

Les actions formant ce dixième sont affectées à la garantie de la gestion des administrateurs.

Elles sont nominatives, inaliénables, frappées d'un timbre indiquant l'inaliénabilité et déposées dans la caisse sociale.

Art. 8.

Les administrateurs sont nommés par une assemblée générale convoquée à la diligence des fondateurs, postérieurement à l'acte qui constate la souscription du capital social et le versement du quart du capital qui consiste en numéraire.

La même assemblée nomme, pour la première année, les commissaires dont il est question dans l'art. 21.

Art. 9.

Un extrait de l'acte de société, de l'acte constatant la souscription du capital et le versement du quart, et des délibérations prises par l'assemblée générale dans les cas prévus par les art. 6 et 8, sera déposé, transcrit, publié et affiché suivant le mode et dans le délai prescrits par l'art. 42 du Code de commerce.

Ce délai ne court que du jour de la nomination des administrateurs par la première assemblée générale, ou, dans le cas prévu par l'art. 6, du jour de la délibération de l'assemblée générale qui a vérifié la valeur de l'apport ou la cause des avantages stipulés au profit de l'un des associés.

Art. 10.

L'extrait doit contenir :

Les noms, prénoms, qualités et demeures des administrateurs, ceux de tous les souscripteurs d'actions et le nombre d'actions souscrites par chacun;

La désignation de la société;

La mention qu'elle est *à responsabilité limitée;*

Il doit énoncer, en outre, le montant du capital social, tant en numéraire qu'en autres objets;

La somme des versements opérés;

La quotité à prélever sur les bénéfices pour composer le fonds de réserve;

L'époque où la société doit commencer et celle où elle doit finir.

L'extrait est signé par les notaires qui ont reçu l'acte de société et l'acte constatant les souscriptions du capital social et le versement du quart.

Art. 11.

Est nulle et de nul effet, à l'égard des intéressés, toute société à responsabilité limitée, constituée contrairement aux dispositions des art. 3, 4, 5, 6, 7 et 8.

Cette nullité ne peut être opposée aux tiers par les associés.

Art. 12.

Lorsque la société est annulée aux termes de l'article précédent, les administrateurs sont responsables solidairement et par corps envers les tiers de la totalité des dettes sociales, sans préjudice des droits des actionnaires.

La même responsabilité solidaire peut être prononcée contre ceux des associés dont les apports ou les avantages n'auraient pas été vérifiés et approuvés conformément à l'art. 6.

Art. 13.

Tous actes et délibérations ayant pour objet la modification des statuts, la continuation de la société au delà du terme fixé pour sa durée, la dissolution avant ce terme et le mode de liquidation, sont soumis aux formalités prescrites par les art. 9 et 10, sous les peines établies dans les art. 11 et 12.

Art. 14.

Les administrateurs ne peuvent être nommés pour plus de six ans.

Ils sont toujours rééligibles, sauf stipulation contraire.

Art. 15.

Les assemblées générales doivent être composées d'un nombre

d'actionnaires représentant la *moitié* du capital social, lorsqu'elles délibèrent :

Sur l'objet indiqué dans l'art. 6;

Sur la nomination des premiers administrateurs dans le cas prévu par l'art. 8;

Sur les modifications aux statuts;

Sur des propositions de continuation de la société au delà du terme fixé pour sa durée, ou de dissolution avant ce terme, et sur le mode de liquidation.

Lorsque l'assemblée délibère sur l'objet indiqué dans l'art. 6, le capital social, dont la moitié doit être représentée, se compose seulement des apports non soumis à la vérification.

Un nombre d'actionnaires représentant le *quart* du capital social suffit pour la validité des délibérations des assemblées générales qui sont convoquées pour procéder à la vérification et à l'approbation des comptes, ou pour délibérer sur les opérations sociales et sur les mesures nécessaires à la marche de la société.

Si, dans le cas prévu dans le paragraphe précédent, l'assemblée ne réunit pas le nombre d'actionnaires qui y est indiqué, une nouvelle assemblée générale est convoquée, et elle délibère valablement, quel que soit le nombre des actionnaires présents.

Art. 16.

Dans toutes les assemblées générales les délibérations sont prises à la majorité des voix.

Les statuts déterminent le nombre d'actions nécessaire pour être admis dans l'assemblée et le nombre de voix appartenant à chaque actionnaire, eu égard au nombre d'actions dont il est porteur.

La feuille de présence contient les noms et domicile des actionnaires et le nombre d'actions dont chacun d'eux est porteur.

Art. 17.

Il est tenu au moins une assemblée générale chaque année.

Art. 18.

Toute société à responsabilité limitée doit dresser, au moins une fois par an, le bilan de sa situation active et passive.

Ce bilan est présenté à l'assemblée générale.

Art. 19.

Il est fait annuellement, sur les bénéfices nets, un prélèvement d'un dixième au moins, affecté à la formation d'un fonds de réserve.

Ce prélèvement cesse d'être obligatoire lorsque le fonds de réserve a atteint le quart du capital social.

Art. 20.

En cas de perte des trois quarts du capital social, dûment constatée, la dissolution de la société doit être prononcée par l'assemblée générale ou par les tribunaux.

Les administrateurs sont tenus de la provoquer; tout intéressé peut en faire la demande.

Il en est de même lorsque six mois se sont écoulés depuis l'époque où le nombre des associés a été réduit à moins de dix.

Art. 21.

L'assemblée générale annuelle désigne un ou plusieurs commissaires chargés de faire un rapport à l'assemblée générale suivante sur le bilan exigé par l'article 18 et sur les comptes des administrateurs.

En cas d'empêchement ou du refus d'un ou de plusieurs des commissaires nommés par l'assemblée générale, ils sont remplacés par ordonnance du président du tribunal de commerce du siége de la société, à la requête de tout intéressé, les administrateurs dûment appelés.

La délibération contenant approbation du bilan et des comptes est nulle si elle n'a été précédée du rapport des commissaires.

Dans la quinzaine de la date de la réunion de l'assemblée qui a approuvé le bilan, il est publié au *Moniteur* et dans l'un des journaux désignés pour la publication des actes de société, dans l'arrondissement où la société a son siége principal. Il est, en outre, affiché, pendant l'exercice suivant, d'une manière apparente, au siége social.

Tout actionnaire a le droit de se faire remettre un exemplaire ou de se faire délivrer une copie du bilan et du rapport des commissaires.

Art. 22.

Les commissaires ont droit, toutes les fois qu'ils le jugent convenable dans l'intérêt social, de prendre communication des livres, d'examiner les opérations de la société et de convoquer l'assemblée générale.

Art. 23.

L'étendue et les effets de la responsabilité des commissaires envers la société sont déterminés d'après les règles générales du mandat.

Art. 24.

Il est interdit aux administrateurs de prendre ou de conserver un intérêt direct ou indirect dans une opération quelconque faite avec la société ou pour son compte.

Art. 25.

Les administrateurs qui distribuent ou laissent distribuer, sans opposition, des dividendes qui ne sont pas réellement acquis, sont tenus solidairement d'en rétablir le montant dans la caisse de la société, sans préjudice de plus amples dommages-intérêts, s'il y a lieu, envers les tiers ou les associés.

Art. 26.

Les administrateurs sont responsables, conformément aux règles du droit commun, soit envers la société, soit envers les tiers, de tous dommages-intérêts résultant des infractions aux dispositions de la présente loi et des fautes par eux commises dans leur gestion.

Art. 27.

L'émission d'actions ou de coupons d'actions d'une société constituée contrairement aux dispositions des articles 3 et 4 de la présente loi est punie d'un emprisonnement de huit jours à six mois et d'une amende de 500 fr. à 10,000 fr., ou de l'une de ces peines seulement.

La négociation d'actions ou coupons d'actions, dont la valeur ou la forme serait contraire aux dispositions des articles 4 et 5 de la présente loi ou pour lesquels le versement des deux cinquièmes n'aurait pas été fait conformément à l'article 5, est punie d'une amende de 500 fr. à 10,000 fr.

Sont punies de la même peine toute participation à ces négociations et toute publication de la valeur desdites actions.

Art. 28.

Sont punies des peines portées par l'article 405 du Code pénal, sans préjudice de l'application de cet article à tous les faits constitutifs du délit d'escroquerie :

1° Ceux qui, par simulation de souscriptions ou de versements, ou par la publication faite de mauvaise foi de souscriptions ou de versements qui n'existent pas ou de tous autres faits faux, ont obtenu ou tenté d'obtenir des souscriptions ou des versements;

2° Ceux qui, pour provoquer des souscriptions ou des versements, ont, de mauvaise foi, publié les noms de personnes désignées contrairement à la vérité, comme étant ou devant être attachées à la société à un titre quelconque;

3° Les administrateurs qui, au moyen d'inventaires frauduleux, ont opéré entre les actionnaires la répartition de dividendes non réellement acquis à la société.

L'article 463 est applicable aux faits prévus par le présent article.

Art. 29.

Des associés, représentant le vingtième du capital social, peuvent, dans un intérêt commun, charger, à leurs frais, un ou plusieurs mandataires d'intenter une action contre les administrateurs, à raison de leur gestion, sans préjudice de l'action que chaque associé peut intenter individuellement en son nom personnel.

Ce projet de loi a été délibéré et adopté par le conseil d'État, dans ses séances des 30 avril, 8 et 14 mai 1862.

RAPPORT

FAIT AU NOM DE LA COMMISSION (1)

CHARGÉE D'EXAMINER LE PROJET DE LOI CONCERNANT LES SOCIÉTÉS
A RESPONSABILITÉ LIMITÉE,

PAR M. DU MIRAL,

Député au Corps législatif.

MESSIEURS,

Le projet de loi sur les sociétés à responsabilité limitée dont, depuis la session dernière, vous nous avez confié le difficile examen, a, vous le savez, pour objet la création d'une forme nouvelle d'association de capitaux, pour but le développement de la production et de la richesse de la France. Il a donné lieu, dès son apparition, à des appréciations diverses, à des critiques contradictoires; on l'a attaqué d'un côté comme une dérogation irréfléchie à un des principes fondamentaux de notre droit; la responsabilité indéfinie qui garantit l'exécution des engagements, comme une innovation inutile et dangereuse. On lui a reproché, en sens contraire, un excès de sévérité et un abus de réglementation de nature à rendre son application impossible.

Placés en face d'opinions aussi divergentes, nous avons, au début de nos travaux, exprimé le désir que les tribunaux et les chambres de commerce fussent consultés; leurs avis, favorables en général au principe du projet de loi, nous ont été, pour son étude, d'un utile secours.

---

(1) Cette Commission est composée de MM. Le Clerc d'Osmonville, président; Josseau, secrétaire; Roy-Bry, du Miral, Arman, Ollivier (E.), Werlé, Aymé, de Belleyme.

Les Conseillers d'État, Commissaires du Gouvernement, chargés de soutenir la discussion du projet de loi, sont MM. Vuillefroy, président de section; Suin et Duvergier, conseillers d'État.

La rédaction définitive que nous vous présentons aujourd'hui, d'accord avec le Conseil d'État, après de longues discussions, a été, dans une notable partie, empruntée au contre-projet élaboré par votre Commission; elle est, dans son ensemble, comme vous le pressentez, le résultat de concessions réciproques que la nature du sujet rendait, pour ainsi dire, inévitables.

Le caractère distinctif de la société à responsabilité limitée, que nous vous proposons d'établir, est facile à déterminer.

C'est, dans la réalité, une société anonyme dispensée de l'autorisation du Gouvernement et dans laquelle les garanties inhérentes à cette autorisation sont remplacées par une réunion de règles destinées à protéger les actionnaires et les tiers. Les associés peuvent donc administrer sans être obligés indéfiniment, comme dans la société en nom collectif, sans avoir à redouter, comme dans la société en commandite, les dangers de l'immixtion; cette forme nouvelle leur offre tous les motifs de sécurité qu'ils pourraient rencontrer dans une société anonyme proprement dite, en même temps qu'elle leur évite les lenteurs ou les difficultés de l'autorisation gouvernementale. A ce premier point de vue, il est évident que cette innovation doit être accueillie avec faveur et qu'elle peut efficacement contribuer au résultat qu'on en espère.

Est-il vrai qu'elle mérite en sens contraire les reproches qui lui ont été adressés?

C'est sans doute une règle sage de notre droit que celle en vertu de laquelle tous les biens de celui qui s'oblige répondent de l'exécution de son engagement; mais c'est aussi un principe non moins certain de notre législation que les conventions sont la loi des parties. Or, le tiers qui contracte avec une société à responsabilité limitée est averti que l'engagement pris envers lui ne peut être exécuté que sur le capital social. Ce ne sera point là, du reste, une nouveauté dans nos codes. Il en est de même en ce qui concerne les commanditaires dans les sociétés en commandite et tous les associés dans les sociétés anonymes; les principes du droit ne sont donc aucunement compromis par l'adoption du projet.

On objecte vainement que, dans la société en commandite, le gérant est tenu sur tous ses biens; cette obligation indéfinie du gérant ne fait pas disparaître le caractère limité de l'obligation des commanditaires. Il n'y a, du reste, dans la société anonyme, aucun membre qui soit tenu indéfiniment, et on ne saurait dire que l'engagement indéfini des sociétaires y soit remplacé par l'autorisation du Gouvernement; car cette garantie, purement morale, est d'un ordre tout différent.

Comment, d'ailleurs, ne pas admettre comme équivalentes au décret d'autorisation de la société anonyme proprement dite les règles établies par la loi elle-même pour la société dont nous nous occupons?

Ce qu'il importe vraiment de rechercher, c'est si cette nouvelle forme de société, en principe et sauf examen détaillé des diverses dispositions du projet, est dangereuse ou inutile.

Les adversaires du principe du projet lui trouvent un double danger.

Ils supposent d'abord qu'il sera pour les spéculateurs téméraires un moyen facile de se lancer dans des opérations aventureuses et de tenter, avec la certitude de ne pas excéder une perte minime, la chance de bénéfices considérables au détriment de la morale, de la fortune publique et de ceux avec lesquels ils traiteront; mais ils oublient que les tiers seront avertis de la nature, de la portée de l'engagement qui sera contracté envers eux; qu'ils connaîtront la quotité du capital qui seul leur servira de garantie; que les moyens de publicité les plus efficaces seront employés pour les protéger. La limitation de la responsabilité existe aussi dans les sociétés anonymes autorisées et ne rend pas ces sociétés plus téméraires; cette limitation ne fait pas disparaître l'intérêt qu'ont les sociétaires à conserver leur capital; il est rare qu'on puisse trouver un moyen de gagner beaucoup en risquant peu; le résultat qu'on redoute ne pourrait s'obtenir qu'à l'aide de moyens frauduleux, dont l'emploi sera sévèrement puni; la responsabilité indéfinie des gérants est loin, d'ailleurs, de l'avoir toujours prévenu dans les sociétés en commandite.

Ils se préoccupent ensuite de la concurrence que les sociétés nouvelles vont faire aux commerçants qui agissent individuellement avec leurs propres capitaux, ou aux sociétés en nom collectif, et prévoient une perturbation commerciale comme conséquence probable de leur développement trop rapide.

Cette seconde appréhension ne nous semble pas mieux fondée que la première.

Les commerçants, dont le crédit entier, dont la fortune entière sont engagés, qui se consacrent exclusivement à une affaire, conserveront habituellement la supériorité et l'avantage dans la lutte qu'ils auraient à soutenir contre des administrateurs n'ayant qu'un intérêt partiel dans l'affaire qu'ils administrent. Les obligations de publicité, de responsabilité, imposées aux sociétés nouvelles, si elles n'empêchent pas leur formation, comme le supposent ceux qui attaquent le projet dans un sens contraire, s'opposeront au moins à leur développement trop rapide.

On ne saurait prévoir raisonnablement une concurrence perturbatrice, c'est-à-dire préjudiciable pour ceux contre qui elle serait dirigée, sans profit pour ceux qui la créeraient, sans avantage pour le public. Quant à la concurrence loyale et sérieuse qui pourrait se produire, nous n'avons pas à vous apprendre qu'elle est le meilleur stimulant de la production, la plus sûre garantie des consommateurs; nous devons en souhaiter le développement plutôt que le craindre.

Ce ne serait pas assez, cependant, pour le projet que de ne pas être dangereux; il faut encore que son utilité, que son opportunité soient réelles et qu'il constitue par rapport à la législation existante un véritable progrès et un complément désirables.

Il est sans doute des cas nombreux où la société en nom collectif, la société en commandite ordinaire, la société anonyme autorisée et même la société en commandite par actions pourront être préférables à la société à responsabilité limitée. Mais il y en a beaucoup d'autres où celle-ci obtiendra la préférence.

Ce n'est, sauf les exceptions, qu'avec l'anonymat et la commandite par actions qu'elle peut être utilement comparée.

On ne saurait nier, tout en rendant hommage à l'activité, aux lumières et à la haute impartialité avec lesquelles sont instruites par le conseil d'État les demandes en autorisation de sociétés anonymes, que cette nécessité d'autorisation et le pouvoir d'annulation qui en est la conséquence, ne soient une gêne considérable, une exception au grand principe de la liberté et de l'irrévocabilité des conventions; il est, du reste, des cas où une affaire importante ne peut s'engager qu'à la condition d'une conclusion immédiate.

Quant à la société en commandite par actions, la difficulté d'y concilier le pouvoir du gérant avec la légitime surveillance des commanditaires, l'impossibilité pour ces derniers de participer efficacement à l'administration de l'affaire, même depuis le remaniement des articles 27 et 28 du Code de commerce que nous venous de voter ne permettent pas qu'elle offre habituellement les facilités et les avantages de la société à responsabilité limitée.

Le nombre des gérants honnêtes et capables est loin de s'être accru en proportion de la progression de la richesse mobilière.

Ce système, qui avait été rationnel à une époque où la commandite n'était que l'accessoire et, pour ainsi dire, l'appoint de la fortune et de la capacité personnelle du commandité, où le capital des sociétés commerciales n'atteignait jamais des proportions très-élevées, et où le crédit personnel du gérant dominait le capital social, est devenu progressivement moins logique, moins praticable depuis que le chiffre du capital s'est élevé à des quotités qu'on ne supposait même pas autrefois, et que son importance a amoindri ou pour mieux dire absorbé la personnalité du gérant.

Il faut, du reste, reconnaître que les abus pratiqués au préjudice des actionnaires et l'impossibilité pour eux de surveiller efficacement leurs intérêts ont commencé à détourner les capitaux de ce genre de placement : rien ne peut les y ramener davantage que la possibilité pour les intéressés de participer à l'administration des sociétés sans encourir les responsabilités indéfinies qui atteignent les gérants ; cette possibilité empêcherait aussi beaucoup de ceux qui s'enrichissent dans l'industrie ou le commerce de quitter complétement, comme ils le font trop souvent aujourd'hui, la carrière à laquelle ils doivent leur fortune, dont ils possèdent l'expérience et la tradition, pour ne pas rester exposés aux périls d'une responsabilité sans limite.

Il est d'autres considérations plus décisives encore qui se réunissent pour démontrer l'opportunité du projet.

Deux grands motifs exigent que nous ne négligions rien de ce qui est possible pour le développement de notre activité commerciale et industrielle :

Le traité de commerce récemment fait avec l'Angleterre et la nécessité de lutter avec elle à armes égales ;

L'impulsion bienfaisante donnée sur tous les points du territoire à la création des moyens de transport et la nécessité de grandir parallèlement notre production et nos échanges pour utiliser sans retard le capital consacré à ces vivifiantes créations.

Or, l'Angleterre est déjà en possession de la forme de société nouvelle dont il s'agit de doter la France ; elle en obtient, nous nous en sommes assurés, les meilleurs résultats ; et aux termes d'une clause particulière du traité, elle est autorisée à faire fonctionner chez nous à son profit ces sociétés dont elle nous a donné la première l'utile exemple, quoique nous lui en eussions fourni par la commandite et l'anonymat la première idée.

Il existe un troisième motif non moins considérable, quoique d'un ordre différent, que nous ne pouvons passer sous silence :

L'Empereur, dans sa haute sagesse et dans sa féconde initiative, a noblement proclamé la doctrine de la liberté économique et commerciale ; il a provoqué la spontanéité des citoyens à s'affranchir progressivement de la tutelle de l'État ; il a signalé cette base de la liberté civile comme la meilleure et la plus solide sur laquelle pussent s'établir les assises de notre liberté politique.

Le projet qui vous est soumis est dans son principe un hommage rendu à cette grande pensée, il en est une des premières réalisations ; le Corps législatif ne peut que l'approuver et y applaudir ; votre Commission, à l'unanimité, lui a donné son adhésion.

Nous croyons avoir suffisamment repoussé les objections dirigées contre l'idée mère du projet ; nous allons maintenant l'examiner dans ses détails ; cet examen nous fournira l'occasion de répondre aux attaques dont il a été l'objet au point vue de la liberté.

Le projet définitif se compose de trente-deux articles :

Les dix premiers règlent ce qui est relatif à la constitution et à la publicité.

L'administration et le fonctionnement sont régis par les articles 11, 12 et suivants, jusqu'au 22 exclusivement.

Les dix derniers déterminent les prohibitions, les nullités, les responsabilités de diverses natures.

§ 1er.

ARTICLE 1er.

La Commission avait proposé de substituer au titre de sociétés à responsabilité limitée, celui de sociétés *anonymes libres* ; elle y voyait l'avantage de préciser d'une manière plus claire, plus exacte le véritable caractère de la société nouvelle ; le conseil d'État ne s'est pas rendu sur ce point à nos observations ; mais ce dissentiment sur la dénomination, que nous persistons à regretter, n'en implique néanmoins aucun sur le fond des choses.

La Commission avait aussi dans son contre-projet manifesté l'intention d'appliquer la forme nouvelle aux sociétés civiles comme aux sociétés commerciales, dans le but de déterminer plus clairement, sinon d'élargir le cercle de la loi et de faire cesser les hésitations ou les divergences qui se sont produites dans la jurisprudence, sur le point de savoir si des sociétés civiles peuvent prendre la forme anonyme.

Le conseil d'État a retranché du contre-projet le mot *civiles*, pour qu'il demeurât bien entendu que le loi ne peut s'appliquer qu'aux sociétés commerciales.

Cette rédaction n'a, du reste, aucunement l'intention de combattre la jurisprudence, par suite de laquelle il a été décidé que des sociétés dont l'objet était primitivement civil avaient pu prendre le caractère commercial et se soumettre valablement à la forme anonyme par suite des agissements vraiment commerciaux auxquels elles se livraient.

Votre Commission exprime à cette occasion le vœu que la législation sur les sociétés civiles soit l'objet d'une révision prochaine qui fasse disparaître les inconvénients et les incertitudes auxquels le contre-projet avait eu l'intention de remedier en partie.

Un dissentiment d'une moindre importance s'était produit entre le conseil d'État et la commission au sujet de la nécessité de l'acte authentique; elle a été maintenue.

Art. 2.

Nous avons réduit à sept le nombre de dix membres qui, d'après le projet primitif, était nécessaire pour la constitution de la société.

Ce nombre de sept, qui est celui de la législation anglaise, paraissait encore trop élevé à quelques-uns de vos commissaires; il a semblé nécessaire à la majorité pour permettre la possibilité de l'organisation du Conseil d'administration et des commissaires chargés de la surveillance; elle a pensé, d'ailleurs, que les formes actuelles étaient suffisantes pour des sociétés plus restreintes.

Art. 3.

Le projet primitif posait au capital des sociétés nouvelles une double limite, et voulait qu'il ne pût être inférieur à 200,000 fr. ou supérieur à 10,000,000 de francs. Votre Commission avait proposé, la suppression pure et simple de cette disposition ; notre contre-projet laissait donc pour la fixation du capital l'entière liberté qui existe déjà pour les sociétés en commandite.

Le projet définitif supprime la limite inférieure et porte à 20,000,000, au lieu de 10,000, la limitation par en haut.

Il est rare qu'au-dessus de ce chiffre de vingt millions on n'ait pas recours à l'anonymat autorisé ; il ne s'est formé, dans les cinq dernières années, que deux sociétés en commandite, par actions, à un capital supérieur.

Le champ laissé à la nouvelle société, *à son début*, demeure assez vaste pour que votre Commission ait dû se résigner à donner son adhésion à cette nouvelle disposition.

Tous les autres paragraphes de l'article 3 sont relatifs à la quotité des actions, à la possibilité de les négocier, aux obligations des souscripteurs originaires.

Ces dispositions sont littéralement empruntées à la loi de 1856 sur les sociétés en commandite par actions.

Elles constituent des moyens efficaces de combattre le jeu, la fraude et d'assurer la réalité du capital, qui est, dans les sociétés nouvelles, d'une importance fondamentale ; elles ont, du reste, reçu l'approbation de la presque unanimité des tribunaux et chambres de commerce consultés.

Art. 4.

Cet article est encore emprunté, pour la presque totalité, à la loi de 1856 ; il s'occupe spécialement de la souscription et du versement du capital.

Le dernier paragraphe prescrit la vérification par la première assemblée générale de la réalité des souscriptions et des versements ; c'est une précaution de plus due à l'initiative de vos Commissaires.

Art. 5.

Il règle ce qui est relatif aux apports et aux stipulations d'avantages particuliers ; c'est aussi une reproduction presque littérale des dispositions de la loi de 1856, sauf le dernier paragraphe que vos Commissaires ont fait ajouter, pour qu'il fût bien entendu que l'approbation donnée par les actionnaires ne ferait pas obstacle à leurs légitimes réclamations, lorsqu'elles auront pour base le dol ou la fraude des fondateurs.

Notre honorable collègue M. Calley-Saint-Paul avait proposé sur cet article un amendement dont le but était de faire évaluer judiciairement les apports au moyen d'une expertise et avec le concours du Tribunal de commerce.

Ce moyen qui avait été déjà proposé et repoussé lors de la discussion de la loi de 1856, nous a semblé avoir plus d'inconvénients que d'avantages; il fait sortir les juges consulaires de la sphère qui leur est propre pour leur attribuer une responsabilité des plus délicates et éminemment dangereuse pour les tiers, dans le cas où leur religion aurait été surprise; il constitue une dérogation à cette règle élémentaire que les intéressés sont et doivent être les meilleurs juges de leurs intérêts; enfin, il crée une barrière infranchissable contre les recherches ultérieures et met les entraînements si dangereux du moment à l'abri des investigations ou des révélations de l'avenir.

Art. 6.

Son objet est la nomination des administrateurs et des commissaires.

Nous signalerons plus tard l'utilité de l'institution des commissaires. Quant aux administrateurs il est évident qu'ils sont la personnification de la société à responsabilité limitée comme de la société anonyme, qu'elle ne peut exister sans eux et qu'elle n'est constituée qu'à partir de leur acceptation.

Les dispositions de cet article sont assez claires pour ne pas avoir besoin d'autres explications.

Art. 7.

Si l'ensemble des administrateurs doit, aux termes de cet article, être propriétaire d'un vingtième du capital social, chacun d'eux est tenu d'avoir dans ce vingtième une part égale.

C'est une précaution de bonne administration qui, renfermée dans cette limite, ne peut pas créer de difficulté sérieuse pour le choix des administrateurs et ne saurait produire que des avantages.

Cette disposition donne satisfaction au vœu manifesté par le Tribunal de commerce de la Seine, dont l'honorable président, M. Denières, avait signalé, le premier, dans un discours remarquable l'utilité du projet.

Art. 8, 9 et 10.

Les articles 8, 9 et 10 déterminent d'une manière nouvelle et satisfaisante les conditions de publicité pour la constitution de la société et pour ses actes les plus importants.

Le greffe du Tribunal de commerce devient un lieu de dépôt sûr, commode et complet, où tout intéressé pourra constamment se procurer les documents propres à le renseigner sur la situation des sociétés à responsabilité limitée.

§ 2.

Art. 11.

L'article 11 impose avec raison aux sociétés nouvelles l'obligation de révéler dans tous leurs actes, dans toutes leurs manifestations extérieures leur véritable caractère.

Le véritable sens des mots : « Responsabilité limitée » ne tardera pas à être connu de tous ceux qui se livrent à des opérations commerciales; la prescription du présent article constitue donc un utile avertissement.

Art. 12, 13, 14.

Les articles 12, 13 et 14 règlent avec clarté ce qui est relatif à la tenue des assemblées générales.

Ils distinguent avec raison les assemblées dans lesquelles, à cause de l'importance de l'objet, la moitié du capital au moins doit être représentée, de celles auxquelles tous les actionnaires sont nécessairement admis avec voix délibérative.

Cette dernière disposition a un caractère libéral et moral qui ne vous échappera pas.

La prescription relative à la feuille de présence des actionnaires qui prennent part aux délibérations, au dépôt et à la communication de cette feuille est une sage précaution contre les fraudes dont la tenue de ces assemblées n'est que trop fréquemment l'occasion.

Art. 15 et 16.

Les articles 15 et 16 déterminent l'institution, les devoirs et les droits des commissaires dont il a été déjà question à l'occasion de l'article 6.

Leur mission principale est de vérifier l'exactitude du bilan et des comptes qui chaque année doivent être présentés par les administrateurs et de faire un rapport qui constate cette vérification; ils exercent aussi un contrôle permanent sur la situation de la société et sur les actes des administrateurs.

Cette institution a la plus grande analogie avec celle des *inspecteurs* qui, dans les sociétés anglaises, sont établis par les articles 48, 19, 50, 51 et 52 de l'*acte* du 14 juillet 1856.

Quoiqu'elle ait été très-généralement approuvée, quelques tribunaux ou chambres de commerce y ont vu le germe probable d'un antagonisme fâcheux entre les administrateurs et les commissaires, une atteinte au principe de l'unité de direction indispensable, à leurs yeux, pour la bonne *marche des affaires*. Nous n'avons pas partagé ces appréhensions.

La sphère d'action des administrateurs et des commissaires est distincte : les premiers agissent; les seconds se bornent à contrôler et n'ont pas même le droit de *veto* sur les actes des premiers; il est vrai que les commissaires peuvent convoquer l'assemblée générale, mais ce n'est pas là un acte d'administration proprement dit, et il est difficile d'admettre qu'ils en fassent usage en dehors des cas exceptionnels où il sera impérieusement commandé par l'intérêt social. L'unité de direction n'est donc pas compromise par cette création.

Elle pourra sans doute parfois causer une gêne et un ennui aux administrateurs; mais ce n'est là qu'un inconvénient secondaire, et il est impossible de ne pas reconnaître qu'elle constitue pour les actionnaires non administrateurs et pour les tiers une garantie efficace et presque nécessaire.

Art. 17 et 18.

Ces articles 17 et 18 imposent aux administrateurs l'obligation de dresser, chaque trimestre, un état résumant la situation active et passive de la société. Cette sage prescription, utile pour les administrateurs eux-mêmes, facilitera singulièrement le contrôle des commissaires.

Ils règlent ensuite un des objets les plus importants : la rédaction de l'inventaire annuel, son dépôt au greffe, sa communication par divers moyens aux intéressés dans un délai qui en permette l'utile examen.

Art. 19.

Il prescrit un prélèvement annuel d'un vingtième sur les bénéfices pour la formation d'un fonds de réserve, mais ce prélèvement cesse d'être obligatoire lorsque le fonds de réserve a atteint le dixième du capital social.

Ce prélèvement, renfermé dans une raisonnable mesure, a l'avantage d'établir une compensation désirable entre des années inégales et surtout de maintenir l'intégrité du capital social dont la conservation est pour les actionnaires, pour les tiers et même pour la fortune publique, d'un intérêt supérieur.

Art. 20.

Il oblige les administrateurs en cas de perte des trois quarts du capital social, à soumettre à l'assemblée générale la question de la dissolution de la société et à rendre publique la résolution prise à cet égard.

On rencontre une disposition analogue dans l'article 67 de la loi anglaise.

Nous avons rendu facultative la prescription obligatoire qui existait à cet égard dans le projet primitif, parce qu'il y a certaines affaires qui peuvent encore fonctionner avec un capital réduit et qu'il serait trop rigoureux d'anéantir au moment où elles semblent devoir réparer leurs pertes ; mais, dans le plus grand nombre des situations, il sera sage de s'arrêter et il y aura toujours avantage à ce que le public soit averti.

ART. 21.

Il est la sanction nécessaire de la limitation du nombre fixé par l'article 2.

ART. 22.

Il donne aux actionnaires qui ont à former des réclamations contre les administrateurs, des facilités analogues à celles qui ont trouvé place dans l'article 14 de la loi de 1856; il ne saurait s'élever sur ce point aucune difficulté.

§ 3.

ART. 23.

Il interdit aux administrateurs de prendre ou de conserver un intérêt direct ou indirect, dans une opération quelconque faite avec la société ou pour son compte; à moins *qu'ils ne soient autorisés par l'assemblée générale pour certaines opérations spécialement déterminées.*

Ce tempérament introduit par votre commission fait disparaître les inconvénients qui avaient été signalés par divers tribunaux de commerce, notamment par celui de la Seine, en ce qui concerne cette disposition du projet.

Ainsi modifiée, elle constitue une innovation des plus morales et des plus heureuses, qui sera certainement étendue aux statuts des sociétés anonymes autorisées.

ART. 24.

Il prononce la nullité des sociétés qui n'ont pas été constituées et des actes ou délibérations qui n'ont pas été déposés ou publiés, conformément aux articles 1, 2, 3, 4, 5, 6, 7, 8 et 9.

Cette nullité est la sanction nécessaire des articles que nous venons d'énumérer.

Cet article n'est guère que la reproduction de l'article 6 de la loi de 1856 dans une partie où elle n'a jamais été critiquée.

Art. 25.

Il détermine les responsabilités encourues par les administrateurs ou les fondateurs, lorsque la nullité de la société, des actes ou des délibérations a été prononcée.

La rédaction primitive de cet article, a été modifiée sur notre proposition de manière à limi , la responsabilité à ceux auxquels elle est réellement imputable.

Notre honorable collègue M. Calley-Saint-Paul avait présenté sur les articles du projet primitif que cet article 25 remplace un amendement qui avait pour but de permettre aux administrateurs de s'exonérer, sous de certaines conditions, des responsabilités qui leur sont imposées pour l'accomplissement des diverses prescriptions dont l'exécution leur est confiée ; il était ainsi conçu :

« Les administrateurs sont toujours libres de se libérer de la
» responsabilité que font peser sur eux les art. 11 et 12 (projet
» primitif).

» A cet effet, aussitôt l'accomplissement des formalités et stipu-
» lations prévues par les art. 3, 4, 5, 6, 7 et 8 (proj. prim.), ils de-
» vront rendre en assemblée générale un compte justificatif de
» cette partie spéciale de leur mandat.

» Le compte rendu par eux sera préalablement soumis aux com-
» missaires nommés aux termes de l'art. 8 ; ces commissaires fe-
» ront de leur examen un rapport lu à l'assemblée générale, elle
» donnera ou refusera son approbation ; si le vote est favorable,
» il sera soumis à l'homologation du tribunal de commerce, le
» jugement d'homologation libérera complétement les adminis-
» trateurs des responsabilités prévues dans les art. 11 et 12. »

Nous ne l'avons pas adopté, parce que nous n'avons pas trouvé la garantie de cette vérification équivalente à celle de la nullité inscrite dans la loi, parce que cette nullité n'a pas été seulement introduite dans l'intérêt des actionnaires, mais principalement dans l'intérêt des tiers qui ne seraient pas représentés dans la délibération, parce que l'intervention du tribunal de commerce, en l'absence d'une contradiction suffisante, ne pourrait être qu'un simple enregistrement, et enfin, parce que l'accomplissement des formalités prescrites est assez simple, assez facile pour qu'avec un peu d'attention les administrateurs soient entièrement sûrs de ne s'exposer à aucun danger.

Art. 26.

Aux termes de cet article, l'étendue et les effets de la responsabilité des commissaires envers la société sont déterminés d'après les règles générales du mandat.

Cet article n'était susceptible d'aucune critique ; il ne peut donner lieu à aucune observation.

Art. 27.

Il se compose de deux paragraphes.

Le premier se borne à énoncer que les administrateurs sont responsables, conformément au droit commun, des infractions aux dispositions de la loi et des fautes commises dans leur gestion.

Il n'a donné lieu dans le sein de votre Commission à aucune discussion.

Il n'en est pas de même du second paragraphe.

Celui-ci s'applique à la faute spéciale qui est commise par les administrateurs, lorsqu'ils distribuent des dividendes qui ne sont pas réellement acquis.

Cette faute, dans le projet primitif, était prévue par l'article 25 dans les termes suivants :

« Les administrateurs qui distribuent ou laissent distribuer sans
» opposition des dividendes qui ne sont pas réellement acquis sont
» tenus solidairement *d'en rétablir le montant dans la caisse de la*
» *Société*, sans préjudice de plus amples dommages et intérêts, s'il
» y a lieu, envers les tiers ou les associés. »

Nous avions, dans notre contre-projet, purement et simplement supprimé cet article 25.

Nous considérions, d'un côté, que le droit commun suffisait pour atteindre la faute particulière dont il s'agit, et nous appréhendions que l'énonciation spéciale de cette responsabilité ne fût de nature, en maintenant les inquiétudes créées par la loi de 1856, à éloigner des actionnaires honorables du rôle d'administrateurs dans les sociétés nouvelles.

Nous pensions, d'un autre côté, que l'obligation de réintégration dans la caisse sociale des dividendes versés pourrait parfois constituer, sans intérêt aucun, un irréparable préjudice pour les administrateurs, et créer un injuste avantage pour des actionnaires qui auraient souvent provoqué ou au moins approuvé la distribution et en auraient toujours profité.

Le Conseil d'Etat a donné satisfaction à cette dernière partie de nos observations par la rédaction contenue au projet définitif, à laquelle nous avons fini par adhérer; cette rédaction est ainsi conçue :

« Ils (les administrateurs) sont tenus solidairement du préju-
» dice qu'ils peuvent avoir causé soit aux tiers, soit aux associés,
» en distribuant ou en laissant distribuer sans opposition des di-
» videndes qui, d'après l'état de la société constaté par les inven-
» taires, n'étaient pas réellement acquis. »

Il importe de bien en préciser le sens avant d'indiquer les motifs qui nous ont déterminés à l'adopter.

Il est d'abord bien évident, à la simple lecture du paragraphe, qu'il n'exige pas, pour que la responsabilité qu'il édicte soit encourue, que la distribution des dividendes non réellement acquis ait eu lieu frauduleusement dans un but mauvais ou tout au moins en connaissance de cause. Le mot *sciemment* n'y est pas écrit.

Une faute grave, certaine, suffirait donc pour l'application de la disposition, même alors que la bonne foi du distributeur serait présumable ou constante.

Mais que faut-il entendre par ces expressions *qui, d'après l'état de la société constaté par les inventaires, n'étaient pas réellement acquis?*

La disposition ne sera-t-elle applicable que lorsque la distribution aura été faite en contradiction de l'inventaire qui aura été dressé, même alors que l'inventaire serait inexact, et suffira-t-il qu'un inventaire défectueux semble autoriser la distribution pour qu'elle ne donne lieu à aucune responsabilité? Ce serait une erreur de le penser. La distribution sera recherchable, qu'elle soit faite contrairement à un inventaire régulier, ou qu'elle ait eu pour motif un inventaire défectueux qui ne constatait pas le véritable état de la société, ainsi qu'aurait dû le faire un inventaire exact et sincère. Dans ce dernier cas, la faute de la distribution procède de celle qui a donné naissance à la confection vicieuse de l'inventaire; elles se confondent l'une et l'autre; il faut donc entendre le mot inventaire employé dans le paragraphe comme emportant avec lui l'idée de l'exactitude et de la régularité.

Il ne nous reste plus qu'à déterminer la signification de ces expressions *réellement acquis*.

On a voulu exprimer ainsi les bénéfices qui ne peuvent plus échapper à la société, qui ne sont plus à l'état de simple éventualité, quelle qu'en soit la vraisemblance ; dont aucun coup du sort, excepté une insolvabilité imprévue, ou une destruction fortuite, ne peut plus priver la société. Sans doute il ne sera pas toujours nécessaire que le bénéfice ait été encaissé ; il pourra résulter d'une valeur, d'une traite, même d'une simple créance, pourvu qu'elle soit réputée bonne, non susceptible de discussion et de nature, suivant les usages du commerce, à figurer à l'actif. Le bon sens et la pratique commerciale seront, sur ce point, le meilleur commentaire de la loi. Quel est, pour ne prendre qu'un exemple, le commerçant, l'industriel, qui ne sache pas distinguer une opération conclue et liquidée de celle qui n'est qu'en cours d'exécution ?

Indiquons maintenant les motifs qui nous ont décidés à consentir au maintien de la disposition ainsi précisée.

Le principal, c'est qu'elle n'est dans la réalité qu'une répétition, une reproduction *explicite* pour cette faute spéciale de la distribution de dividendes non acquis, de la disposition générale du paragraphe premier du même article qui déclare le droit commun applicable aux fautes commises par les administrateurs de la nouvelle société.

Or, n'est-ce pas une faute évidente, palpable, préjudiciable au plus haut degré aux tiers qui contractent avec la société, à ceux qui en achètent ou en conservent les titres, que celle qui consiste à les tromper sur sa véritable situation ?

Le dissentiment entre nous et le Conseil d'État ne pouvait donc porter que sur la forme et non sur le fond, sur lequel nous étions nécessairement d'accord.

Il s'agissait uniquement entre nous de savoir s'il valait mieux rappeler par une énonciation explicite cette portée incontestable du droit commun en matière de mandat, ou ne pas le faire.

Nous serions peut-être restés fidèles à ce dernier parti que nous avions adopté d'abord, si le projet primitif n'avait pas eu à cet égard une disposition formelle, et si son retranchement n'eût pas été de nature à faire penser qu'on abandonnait sur ce point la voie dans laquelle était entré le législateur de 1856.

Cette dernière considération a été pour nous décisive. La suppression pure et simple de la disposition du projet primitif aurait laissé subsister une équivoque ; or, il faut avant tout qu'une loi soit sincère, précise, qu'elle dise franchement ce qu'elle veut et qu'elle ne laisse pas par son silence prétexte à la mauvaise foi ou à l'erreur.

Nous avions dû nous demander, il est vrai, si la simple faute en matière de dividende ne pourrait pas être innocentée, et s'il ne conviendrait pas de n'atteindre que les distributions frauduleuses ou celles faites en connaissance de cause. Quelques-uns de nous avaient même fait remarquer, dans le sens de cette dernière opinion, que l'article 10 de la loi du 17 juillet 1856 sur les commandites n'établit la responsabilité des membres des conseils de surveillance que lorsqu'ils ont consenti à la distribution *en connaissance de cause*. Mais la réflexion fait comprendre qu'on ne saurait assimiler à des administrateurs qui dressent eux-mêmes les inventaires, qui doivent en posséder tous les éléments, de simples surveillants étrangers à l'administration et réduits à voir ce qu'on leur montre.

L'idée de supprimer la responsabilité des administrateurs pour cette faute particulière, pour cette faute exceptionnellement grave et dangereuse de la distribution des dividendes (même en dehors des cas de fraude), n'a pas semblé à la majorité de votre Commission résister à un examen attentif. Il faudrait évidemment, si elle était admise, l'étendre à toutes les autres fautes. Comment d'ailleurs justifier cette dissemblance avec la société anonyme autorisée, et cette dérogation aux règles les plus générales et les plus salutaires du droit civil et commercial ?

Ne comprend-on pas que, sous prétexte de n'atteindre que la fraude, on s'exposerait, dans une foule de cas, à lui ouvrir la porte et à la rendre inattaquable ?

Il ne faut pas, du reste, s'exagérer les périls et les inconvénients de la responsabilité des administrateurs.

La perfection absolue n'est pas de ce monde ; les choses humaines s'apprécient toujours humainement.

Il n'arrivera presque jamais, lorsque des administrateurs auront été de bonne foi, qu'ils auront apporté aux affaires de la Société un soin ordinaire, qu'ils puissent être recherchés; la vérification des commissaires, le rapport qu'ils auront rédigé, le vote donné par l'assemblée générale, en connaissance de cause, après avoir eu à sa disposition tous les moyens d'information, créeront presque constamment une fin de non-recevoir morale, invincible contre ceux qui voudraient les attaquer; il faudra d'ailleurs que ceux qui ne reculeront pas devant cette difficile entreprise commencent par justifier d'un préjudice, et, grâce aux précautions prises par le projet, ce préjudice ne pourra que bien rarement se rencontrer.

Il n'est pas, nous le reconnaissons, impossible que quelques esprits timorés, s'effrayant outre mesure de la possibilité d'une recherche contre laquelle leur bonne foi n'aurait pas suffi pour les prémunir, ne s'abstiennent d'accepter les fonctions d'administrateur.

Ces abstentions seront quelquefois regrettables; mais la suppression de la responsabilité tutélaire et indispensable des administrateurs le serait bien davantage.

Ces abstentions sans motif suffisant deviendront d'ailleurs de plus en plus rares à mesure que la véritable portée de la disposition sera mieux connue. Son inconvénient, s'il existe, sera donc relativement faible; elle aura dans un sens opposé l'inappréciable avantage d'augmenter sensiblement dans les conseils d'administration la proportion des gens sérieux qui sont décidés à remplir scrupuleusement leurs devoirs, à faire et à voir par eux-mêmes et à ne pas s'en rapporter aveuglément aux déclarations d'autrui.

Nous avons néanmoins proposé de soumettre à une prescription de cinq ans cette responsabilité spéciale à la distribution de dividendes non réellement acquis.

Nous ne nous dissimulions pas que c'était une exception aux règles ordinaires du droit, mais ce tempérament nous semblait offrir moins de dangers que d'avantages, et nous regrettons que le Conseil d'État n'y ait pas donné son adhésion.

Art. 28.

Il est la sanction nécessaire et modérée de l'article 11.

Art. 29.

Il punit d'une amende de 500 à 10,000 francs ceux qui, par des moyens frauduleux, créent dans l'assemblée générale des actionnaires une majorité factice.

Ces abus sont trop regrettables et ils ont pris trop d'extension
pour qu'il n'ait pas paru sage à votre Commission, qui en a pris
l'initiative, de les prévenir en les punissant.

Art. 30, 31, 32.

Ils sont presque littéralement empruntés à la loi de 1856.

L'art. 30 contient la sanction nécessaire des prescriptions relatives à l'émission et à la négociation des actions.

Quant à l'art. 31, il punit des peines de l'art. 405 du Code pénal, c'est-à-dire des peines applicables à l'escroquerie :

1° Les simulations et les publications dolosives de souscriptions
et de versements ;

2° Les publications mensongères des noms de personnes désignées, contrairement à la vérité, comme étant attachées à la société, dans le but d'obtenir des souscriptions ou des versements.

Ces manœuvres, d'un caractère analogue à celles qui constituent
l'escroquerie, quoiqu'elles n'en réunissent pas toujours tous les
éléments essentiels, nous ont semblé mériter une égale répression.

Le paragraphe 3 de cet art. 31 applique les mêmes peines aux
répartitions de dividendes non acquis opérées au moyen d'inventaires frauduleux, ou en l'absence d'inventaires.

Des faits de cette gravité, dont l'immoralité ne peut être un in·
stant douteuse, sont nécessairement inspirés par un mobile de cupidité et ne peuvent avoir d'autre but que de surprendre la bonne
foi des tiers. Nous n'avons pas hésité à leur appliquer la même
peine.

Le tribunal de commerce de la Seine dans son avis, et deux de
nos honorables collègues dans leurs amendements, Messieurs Javal et Calley-Saint-Paul, avaient cependant demandé que ces dispositions pénales fussent retranchées du projet, en se fondant :
1° sur ce que le droit commun les rendait inutiles ; 2° sur ce
qu'elles témoignaient d'une défiance injurieuse et injuste envers le commerce français ; 3° sur ce qu'elles étaient de nature à
éloigner les hommes honorables des sociétés nouvelles.

Aucun de nous n'a partagé cette appréciation ; nous n'avons pas
pensé d'abord qu'aucun homme honnête et résolu à ne pas cesser

de l'être pût concevoir la moindre appréhension de pénalités qui ne pourront jamais l'atteindre tant qu'il ne deviendra pas malhonnête.

Nous n'avons pas admis non plus que le projet fût plus injurieux pour le commerce français que les dispositions qui prévoient la banqueroute simple ou frauduleuse; que le Code pénal militaire ne l'est pour l'armée, que le crime de forfaiture ne l'est pour les fonctionnaires.

Quant à la suffisance du droit commun pour réprimer les abus que nous voulons prévenir, il suffit de parcourir les incriminations diverses du projet pour se convaincre que les dispositions du Code pénal ordinaire seraient dans les cas les plus nombreux, impuissantes à les suppléer.

Qui ne se rappelle du reste la situation antérieure à la loi de 1856 et les nécessités législatives qu'elles a révélées?

Nous ne disons rien d'autres amendements de l'honorable M. Javal, parce qu'ils ont trouvé dans le projet modifié une satisfaction partielle, mais il en est deux parmi ceux qu'avait présentés M. Calley-Saint-Paul, qui méritent un examen particulier.

Par le premier notre honorable collègue prévoyait et voulait faciliter la transformation des sociétés en commandite en sociétés à responsabilité limitée.

En voici les termes :

« Les sociétés en commandite pourront toujours se convertir en
» sociétés à responsabilité limitée; l'assemblée générale, spéciale-
» ment convoquée à cet effet par le gérant et les commissaires de
» surveillance, délibérant à la majorité des trois quarts des voix
» des membres présents, aura qualité pour autoriser la conver-
» sion et faire aux statuts de la société les modifications nécessai-
» res pour les harmoniser avec les prescriptions de la présente
» loi. »

Il est en effet probable qu'un certain nombre de sociétés en commandite voudra adopter la forme nouvelle; mais la loi ne pourrait, sans violer la règle de la non-rétroactivité, porter atteinte à leurs statuts, et y introduire une faculté qui n'aurait pas été prévue ou qui aurait pu être interdite. L'intérêt des actionnaires saura, du reste, trouver, sans le secours de la loi, un moyen de réaliser cette transformation quand ils y auront un réel avantage. Nous n'avons pas adopté l'amendement.

Nous ne pouvions pas non plus donner notre adhésion au second amendement que nous a présenté l'honorable M. Calley-Saint-Paul.

Cet amendement, contenu dans un seul article, constituait en quelques lignes un contre-projet complet et impliquait le rejet tout entier du projet de loi.

Il était ainsi conçu :

« L'article 37 du Code de commerce est remplacé par la disposition suivante :

« La Société anonyme ne peut exister qu'avec l'autorisation de » l'Empereur et avec son approbation pour l'acte qui la constitue ; » cette approbation sera donnée sur la proposition de M. le minis- » tre du commerce. »

Notre honorable collègue le motivait sur l'exemple de la Belgique, où il prétend que ce système donne les meilleurs résultats.

Nous ne pensons pas qu'on puisse contester davantage les bons résultats des sociétés anonymes en France, quoique, au lieu d'être autorisées sur la proposition du ministre seulement, l'autorisation leur soit donnée par décret rendu en Conseil d'Etat.

Les motifs que nous avons déjà donnés en faveur de l'adoption du projet de loi ne nous permettaient pas d'adhérer à cet amendement si, comme nous ne devons pas en douter, il était dans la pensée de son auteur une protestation contre le projet.

S'il n'était, au contraire, qu'une simple modification de l'article 37 du Code de commerce, nous n'avions pas à l'examiner, parce que nous n'étions pas constitutionnellement saisis de la révision de cet article.

Nous voici parvenus au terme de l'examen des détails du projet et des amendements proposés ; cet examen, si nous ne nous faisons illusion, vous aura convaincus comme nous que les attaques dont il a été l'objet, sous le prétexte d'un excès de réglementation et de pénalités, ne sont pas mieux fondées que celles qui le désignent comme dangereux pour la morale et pour le crédit ; nous avons du reste, comme vous avez pu en juger, donné aux unes et aux autres de nombreuses satisfactions.

Il est vrai que des précautions nombreuses y ont été réunies pour sauvegarder l'intérêt de ceux qui traiteront avec les sociétés nouvelles, pour paralyser les spéculations coupables, pour prévenir de dangereux entraînements, pour empêcher le retour de scandales qui se sont trop fréquemment renouvelés, et pour assurer le succès d'une innovation commerciale dont le développement sera d'autant plus rapide qu'il se mêlera moins d'abus et de désastres aux résultats utiles de ses premières applications.

Nous nous faisons honneur de ces précautions au lieu de nous en excuser.

Pour les bien apprécier, il ne faut pas les juger superficiellement, en bloc et d'après leur nombre ; il convient, au contraire, de les examiner individuellement, ainsi que nous venons de le faire, d'en peser tour à tour les inconvénients et les avantages.

Il en est sans doute de moins importantes que d'autres, mais il n'en est aucune d'inutile ou de nuisible ; et celles qu'on attaque le plus vivement, ou, pour mieux dire, les seules qu'on attaque, ont, nous croyons l'avoir démontré, un caractère d'indispensable nécessité.

La difficulté du projet était, en partie, nous en convenons, dans une juste pondération de la liberté et de la règle.

Cette pondération à parfois un caractère arbitraire, que nous ne voulons pas dissimuler ; il en est toujours ainsi dans les questions de mesure ou de limite. Les divergences s'expliquent facilement lorsqu'elles portent sur un nombre, sur une quotité, sur une proportion quelconque, comme la part d'intérêt des administrateurs, le prélèvement pour le fonds de réserve, le chiffre des sociétaires et même celui du capital.

Mais les dissentiments doivent devenir plus rares quand il s'agit de l'application des principes généraux du droit commun, et, il n'y a qu'un malentendu qui puisse les expliquer dans une chambre française, quand il y a lieu de nous prémunir contre la fraude ou l'improbité.

Votre Commission a la conscience de n'avoir rien négligé de ce qui lui a semblé de nature à donner satisfaction aux divers intérêts engagés dans le projet dont vous l'avez saisie. Ses efforts pour l'amélioration du projet primitif, dont le désir s'était manifesté dans vos bureaux, sont loin d'être demeurés stériles ; le plus grand nombre de ses propositions a obtenu l'assentiment du Conseil d'Etat.

Elle est convaincue que la société à responsabilité limitée, à laquelle vous allez donner place dans nos codes, répond à un véritable besoin ; qu'elle amènera ou conservera dans les opérations commerciales, avec profit pour la richesse publique, sans danger sérieux pour le crédit, des hommes utiles et honnêtes que la crainte de la responsabilité indéfinie qui pèse généralement sur notre commerce aurait écartés de cette voie.

L'avenir montrera, nous le pensons, que la publicité et les règles protectrices, organisées dans le projet, sont habituellement pour les tiers eux-mêmes une garantie au moins aussi certaine que l'engagement sans limites de commerçants, dont la véritable situation est trop fréquemment un mystère ou un démenti à de trompeuses apparences.

Il n'est pas à souhaiter, et il ne nous semble pas à craindre, que la société à responsabilité limitée envahisse trop promptement le domaine des sociétés anciennes ; il vaut mieux que leur enfantement soit un peu plus lent au début, à condition d'être plus sûr.

Un jour viendra où leur essor sera de plus en plus rapide et où il sera permis de leur assigner un champ plus vaste.

L'expérience qui va se faire, l'exemple d'un pays voisin ne permet à cet égard aucun doute, loin d'être à redouter, ne peut être que profitable et concluante ; elle sera certainement un des bienfaits du règne glorieux à tant de titres qui a inauguré en France la liberté commerciale.

Nous vous proposons avec confiance l'adoption du projet de loi.

Le projet de loi, modifié d'accord par la Commission et le Conseil d'Etat, a été adopté sans nouveau changement par le Corps législatif. Il forme le texte de la loi, rapporté plus haut (p. 1).

EXTRAIT

DE LA DISCUSSION DE LA LOI AU CORPS LÉGISLATIF,

DANS LES SÉANCES DES 4 ET 5 MAI 1863.

M. JAVAL. Le projet de loi qui nous est soumis a été certainement conçu dans l'origine dans une pensée libérale; mais les auteurs du projet de loi ont mis leur libéralisme, je le crains, d'un seul côté de la balance. Ils ont été préoccupés de la situation qui serait faite aux actionnaires; ils ont voulu surtout défendre les mineurs, et nous ne pouvons que les en féliciter. Si, en défendant ainsi la position de celui qui apporte le capital, on était bien certain d'augmenter sa sécurité, je suis de ceux qui défendraient à outrance le capitaliste contre l'administrateur auquel il a confié ses intérêts; mais si la rigueur contre le gérant arrive à cette conséquence étrange de porter préjudice à son associé, il me semble que la position qu'on veut faire au gérant doit être examinée avec le plus grand soin.

Maintenant, je suis à me demander si la loi atteindra réellement son but. En effet, si nous voulons aujourd'hui faciliter l'organisation de sociétés à responsabilité limitée, celles à fonds sociaux peu élevés, sociétés si ardemment attendues par le petit commerce pour lequel le secours du capital devient de jour en jour d'une urgence plus marquée, c'est que nous poursuivons le but de favoriser la création d'associations réposant sur des capitaux considérables, et aussi d'aider les sociétés à petits capitaux. Le projet s'est montré très-libéral en permettant de fixer le capital à un chiffre aussi bas que le réclamera la convenance des fondateurs.

En lisant l'art. 1ᵉʳ de la loi, je vois qu'on ne parle que des sociétés par actions; pas un mot des autres sociétés, des petites associations. La pensée libérale qui m'a apparu tout à l'heure semble avoir été oubliée pendant l'élaboration du projet, où l'on ne parle pas des associations (sans actions) qui touchent plus particulièrement les sociétés à petits capitaux, par exemple celles de 25, 20,

15 ou 10,000 fr. Permettez-moi, Messieurs, de vous rappeler que, lorsqu'on a discuté dernièrement la révision des art. 27 et 28 du Code de commerce, on paraît avoir oublié, lors de la rédaction, la position des sociétés par actions; aujourd'hui, contrairement à ce qui s'est passé pour le Code de commerce, on ne s'occupe, dans le projet que nous discutons, que des sociétés par actions. Il n'y a pas un mot, soit dans le rapport, soit dans la loi, qui ait trait au mode de fonctionnement des petites associations. J'espère que, dans le cours de la discussion, quelques explications pourront être fournies à cet égard, qui combleront la lacune que je trouve dans le rapport et dans les articles, explications qui donneront à ceux qui, comme moi, ne comprennent pas parfaitement, le moyen de se former une opinion sur la manière dont le gouvernement, l'administration et les tribunaux devront s'y prendre pour le fonctionnement de cette partie de la loi. (Interruption.)

M. L. JAVAL. Je répète que dans le projet de loi on ne parle que des sociétés par actions, qu'on ne parle pas des autres sociétés, qu'on limite le capital par en haut. On dit que le capital ne peut pas être de plus de 20 millions, mais qu'on ne fixe pas de limite en descendant, car l'on peut créer une société à responsabilité limitée au capital le plus minime.

Eh bien, il n'est pas probable qu'on puisse appliquer aux sociétés sans actions tout ce qui a été longuement dit...

M. Du MIRAL. Ce que vous dites se rapporte à l'art. 3.

M. L. JAVAL. Je reconnais avec l'honorable rapporteur qui me fait l'honneur de m'interpeller, que c'est en effet l'art. 3 qui parle de la limitation du capital à 20 millions, mais M. du Miral reconnaîtra bien avec moi que l'article ne parle pas d'autre chose; en ce qui a trait à la limite du capital en descendant ou à la société où il ne serait pas créé d'actions..... (Interruption.) Le projet de loi parle de la manière dont fonctionneront les sociétés par actions, et il ne parle par des autres sociétés.

Je me réserve de demander plus tard des explications, soit aux membres de la commission, soit à MM. les conseillers d'État, moins, je le déclare, pour satisfaire ma curiosité que pour donner des indications claires et précises au public, qui, sans cela, ne comprendrait pas très-bien.

M. DE SAINT-PAUL. La loi a été la conséquence des traités de commerce et principalement du traité du 15 mai 1861. La première pensée, qui aurait pu venir et qui est sans doute venue au gouvernement, était de voir si, dans la forme actuelle des sociétés acceptées par le public, on ne trouvait pas une satisfaction complète à ces idées, et s'il ne fallait pas se borner à faciliter ces sociétés.

La société anonyme, selon moi, donnait pleine satisfaction aux idées du public. Seulement, beaucoup de personnes croient qu'il est difficile de former une société anonyme; elles croient qu'il faut beaucoup de temps pour obtenir l'autorisation nécessaire. C'est là-dessus que je voudrais m'expliquer en quelques mots.

La réglementation administrative de la société anonyme est inscrite dans l'article 37 du Code de commerce, qui dit que « les sociétés anonymes ne peuvent exister qu'avec l'autorisation de l'Empereur, et que cette autorisation, pour les actes qui la constituent, doit être donnée dans la forme prescrite par les règlements d'administration publique. »

Les règlements d'administration publique sont d'une date fort ancienne. Il y en a trois : le premier est du 22 octobre 1807 ; le deuxième, du 30 décembre 1817 ; le troisième du 11 juillet 1818. Il faut convenir que les affaires industrielles et commerciales ont beaucoup marché depuis lors.

Je crois qu'il est très-facile de simplifier la marche de la constitution des sociétés anonymes.

Le résultat des circonstances commerciales dans lesquelles nous nous sommes trouvés, ce doit être d'amener un nouveau règlement d'administration publique qui abrége les délais, qui ne décourage pas ceux qui voudraient faire examiner leurs affaires et qui souhaiteraient bien que le gouvernement pût le faire dans le plus bref délai possible; car il est évident que leur intérêt les porterait à rentrer dans le régime des sociétés anonymes au lieu d'entrer dans celui de la loi de 1856 ou de la loi nouvelle, qui s'inspire plus de la loi de 1856 que de celle qui régit les sociétés anonymes.

Je dis donc, en voyant la loi, que je regrette qu'elle n'ait pas amené une solution qui eût été la simplification, la démocratisation des sociétés anonymes.

C'était, au surplus, ce que demandait le tribunal de commerce de la Seine. L'année dernière, la commission de la Chambre a

témoigné le désir que les tribunaux de commerce et les chambres
de commerce donnassent leur avis sur le projet de loi.

Le tribunal de commerce de la Seine a fait une réponse que j'ai
dans la main, et dont je demande la permission de lire quelques
lignes; c'est à l'occasion des sociétés anonymes :

« Les avantages du principe de la responsabilité limitée aux
apports ne sauraient être contestés par ceux qui ont été les té-
moins des merveilleux progrès dus au fonctionnement des sociétés
anonymes. Est-il besoin de rappeler les innombrables créations
qu'a engendrées cette forme d'association? Et lorsque, dans les
temps de travail et de concurrence où nous vivons, un aussi utile
levier peut être mis avec profit aux mains de tous, convient-il de
lui conserver plus longtemps son caractère d'exception et de privilége, si contraire à cette égalité que commandent impérieusement
nos institutions et nos mœurs ? »

M. Emile Olivier. Messieurs, la loi qu'on vous propose d'adopter
est, dans le commerce, depuis longtemps déjà, l'objet d'une attente
générale et de nombreuses discussions. Cependant, au moment
où votre Commission vous la présente, il se produit à son égard
cet effet singulier : qu'appelée par tous, elle semble ne satisfaire
complétement personne. Les uns trouvent qu'elle a fait trop, et
il paraît aux autres qu'elle n'a point fait assez. Les négociants des
ports de Marseille, de Bordeaux, du Havre, pensent qu'il y a un
danger réel à porter atteinte au principe salutaire de la responsabilité personnelle : ce principe, disent-ils, est l'âme et la vie du
commerce; il n'y a de bonne affaire, d'affaire sûre, que lorsqu'on
se rencontre en présence de quelqu'un qui réponde corps pour
corps de ses opérations et qui offre en gage à ses créanciers son
patrimoine tout entier.

Au contraire, les économistes et les hommes d'affaires, à Paris
surtout, dont l'opinion vient d'être interprétée par les honorables
messieurs Javal et de Kervéguen, dans des termes très-nets et très-
vifs, soutiennent que la loi est trop restrictive, qu'elle n'accorde
point assez à la liberté, qu'elle établit des pénalités redoutables et
dangereuses, et qu'il est à peine permis d'espérer que dix sociétés
de cette nature parviennent à se constituer.

Je vous demanderai la permission d'examiner très-rapidement,
car je comprends votre fatigue et je ne voudrais pas la prolonger,

d'examiner, dis-je, très-rapidement, ces deux objections et de rechercher s'il est vrai que la loi fasse trop, d'examiner ensuite s'il est exact qu'elle fasse trop peu.

Mais, pour que cette discussion puisse être claire et brève, il est nécessaire que nous précisions avant tout en quoi consiste l'innovation que la loi apporte dans nos codes. Parmi les 32 articles que nous vous proposons, il est évident qu'il y a lieu de dégager ce qui est principal de ce qui n'est qu'accessoire; cette distinction faite, il faut négliger ce qui est accessoire, se placer en présence de la pensée qu'on a reconnue principale, puis soit la blâmer, soit la louer.

Or, qu'est-ce que veut la loi? Quelle est sa pensée culminante? La pensée culminante de la loi est uniquement de créer, à côté de l'anonymat privilégié, l'anonymat libre. (C'est cela!) ..

Voilà le fond de la loi, ni plus ni moins; le reste ce sont des détails sur lesquels on peut être ou n'être pas d'accord, des dispositions accessoires qu'on peut critiquer ou louer; mais l'idée capitale qui constitue le mérite ou le démérite de la loi, et qui constitue sa personnalité, si j'ose dire ainsi, est d'introduire la liberté de l'anonymat. Jusqu'à ce jour, pour constituer une société anonyme, il fallait être privilégié, il fallait s'adresser au Conseil d'Etat qui avait le droit absolu d'accorder ou de refuser, et ce n'était que quand le Conseil d'Etat avait donné l'investiture à la société anonyme, qu'elle commençait à exister et à agir.

Désormais, d'après la loi, on pourra constituer une société anonyme sans l'autorisation du Conseil d'Etat, pourvu qu'on se conforme à certaines obligations spécifiées.

Cette idée est-elle bonne? Voilà ce qu'il faut vous demander dans une discussion générale. Si elle est bonne, vous vous occuperez ultérieurement des détails; si elle est mauvaise, vous repousserez la loi.

Je trouve, quant à moi, l'idée féconde, l'idée heureuse, et je l'approuve complétement.

En l'introduisant dans notre législation, nous ne faisons rien de trop; nous ne violons pas d'une manière inquiétante le principe de la responsabilité personnelle en matière commerciale. L'objection que nous adressent à cet égard les honorables négociants dont l'avis est consigné dans les délibérations des chambres de commerce ou des tribunaux de commerce n'est fondée ni en droit ni en économie politique.

Elle n'est pas fondée même selon les règles les plus strictes du droit le plus ancien. Sans doute, il est parfaitement vrai que qui s'oblige oblige le sien; il est parfaitement vrai que qui contracte un engagement doit supporter les conséquences de son engagement sur tout ce qui constitue sa fortune. Mais ce principe, quoique incontestable, n'est pas unique, comme semblent le croire les adversaires de la loi. Il est corrigé, ou plutôt contenu par un autre principe également vrai qu'il n'est pas possible de négliger. Ce principe est celui en vertu duquel il appartient toujours aux personnes qui s'engagent de limiter leur engagement, à celles qui contractent une obligation de stipuler en quoi elle consistera et de déterminer la limite extrême qu'elle ne devra pas dépasser.

Lors donc que vous dites qu'il faut maintenir le principe de la responsabilité, que c'est là un principe tutélaire et nécessaire, vous avez raison; mais ajoutez aussitôt qu'il faut également maintenir et respecter cet autre principe selon lequel un engagement doit être renfermé dans les termes mêmes qu'a voulus celui qui s'est engagé.

La loi qu'on vous propose est strictement conforme aux principes du droit les plus certains et les plus anciens.

J'ajoute qu'elle est de plus conforme à toutes les nécessités économiques qui se sont révélées dans les derniers temps et ont amené une transformation aussi complète de notre législation commerciale.

Les sociétés anonymes existent dans notre législation. Qui a jamais proposé de les supprimer par respect pour la responsabilité personnelle? Si l'utilité des sociétés anonymes est prouvée, quel inconvénient y a-t-il à les rendre plus accessibles et à les émanciper? Objectera-t-on qu'avec la liberté les tiers seront privés de la protection utile que leur assure l'examen du Conseil d'Etat?

Je répondrai sans hésitation que l'autorisation du Conseil d'Etat est une protection insuffisante et inefficace; quelle que soit la capacité des personnes qui composent le Conseil d'Etat, elles ne peuvent pas juger avec autorité le mérite des affaires qu'on leur soumet, et décider où finit la sécurité et où commence l'audace. Par cela seul qu'ils ne sont pas au milieu du mouvement des affaires, leur jugement est très-faillible, et sans chercher des exemples autour de nous, il me suffit de rappeler que cette fameuse banque par actions qui a donné la première des scandales, des audaces et des désastres financiers, la banque de Law, avait été autorisée par le gouvernement; et laissez-moi vous dire avec M. le premier président Troplong, qui ne peut pas être accusé de pencher trop vers la liberté, même en matière juridique, « qu'il y a eu des Law par ordonnance, comme il y en a eu de par la liberté. »

Les garanties que nous assurons aux actionnaires et au public sont bien plus réelles que celles qui résultaient de l'autorisation préalable du Conseil d'État. La première est dans le caractère de dépendance et de révocabilité du gérant. Des actionnaires constituent une société; ils choisissent parmi eux celui dont le caractère domine dans la société, et qui peut le mieux la diriger; puis ils le surveillent, sans crainte, comme dans la commandite, d'être condamnés pour s'être immiscés ; s'ils pensent que son administration est défectueuse, ils peuvent le révoquer.

Il n'ont plus au-dessus d'eux un roi absolu tel que le gérant de la commandite, qu'ils sont obligés de respecter.

Si la société est mal administrée, si les affaires tournent mal, aux actionnaires la responsabilité, à eux d'empêcher les désastres ; car ils seront à l'avenir dans la situation où on se trouve lorsque dans un État on discute publiquement un budget ; leur budget, actif et passif, sera publiquement exposé, discuté, contrôlé; s'ils sont négligents, s'ils ferment l'oreille, s'ils ne se donnent pas la peine d'étudier la spéculation dans laquelle ils mettent leur fortune, ce n'est pas au législateur d'être plus prévoyant qu'ils ne le sont eux-mêmes et de prendre les soucis d'une surveillance qu'ils ne veulent pas exercer.

Ceci m'amène à vous indiquer la seconde des garanties que je trouve dans le projet de loi; elle me semble résulter de la forme même de la société anonyme. Je maintiens que de toutes les formes de sociétés, c'est celle qui offre le plus de sécurité; je crois qu'elle en offre plus encore que ne pourrait en présenter un simple individu responsable indéfiniment.

Supposez cet individu aussi solvable, aussi riche que vous le voudrez. Qui vous dit que cette solvabilité n'est pas déjà compromise ? Qui vous assure que cette richesse n'est pas une simple apparence ? Comment savoir si le luxe qu'on étale n'est pas entretenu par des emprunts usuraires, si ce n'est pas le moyen de soutenir une situation menacée, un expédient redoutable de masquer la ruine qui s'avance?

Comment savoir, dites-le-moi si vous le savez, comment savoir si ce négociant dont la signature vous paraît avoir une valeur au-dessus du soupçon n'est pas à la veille du jour fatal où il déposera son bilan en entraînant dans son désastre une multitude de familles que rien ne pouvait protéger contre ce coup imprévu? (Très-bien!)

Oui, quand on traite avec un individu, quelque sincérité qu'inspire une situation apparente, il y a le jour même un inconnu, un point d'interrogation, et souvent le lendemain une terrible réalité.

Au contraire, dans la société anonyme telle que nous la constituons, tout est connu; rien qui ne doive se passer autrement qu'en pleine lumière, qui ne doive être public. L'administration d'une société anonyme libre peut être aussi claire que l'est la comptabilité publique dans le budget de l'Etat de telle sorte qu'il n'y aura de trompé que celui qui voudra l'être.

Indépendamment de ces protections générales qui résultent du caractère même des sociétés anonymes, nous en avons introduit dans la loi qui sont de nature à nous rassurer. Nous avons constitué un système de publicité qui permet aux tiers d'être constamment instruits de ce qui se passe. Nous avons institué des assemblées d'actionnaires sérieuses. Désormais les actionnaires ne seront plus instruits de leurs affaires par des rapports dont la lecture rapidement faite ne peut pas les éclairer; les rapports seront communiqués d'avance aux intéressés de manière à ce qu'une discussion puisse s'établir avec profit et que le contrôle soit réel.

Cet ensemble de garanties nous a semblé avoir la même efficacité que l'autorisation du Conseil d'Etat et nous a décidés à admettre le principe de la loi.

Je crois donc que nous n'avons pas fait trop, que notre œuvre est sage, et que toutes les précautions justes, légitimes, ont été exigées.

Je passe maintenant à la seconde partie de mon argumentation et je prouve que nous ne méritons pas non plus le reproche d'avoir fait trop peu, et qu'il n'est pas juste d'accuser la loi d'être illibérale.

Je reconnais, Messieurs, et ici vous me permettrez de parler seulement en mon nom, que certaines réserves doivent être faites.

Vous savez mieux que moi que les lois se font par voie de transaction; les commissions n'obtiennent pas tout ce qu'elles désirent. Il n'est pas douteux qu'il existe dans le projet de loi nombre de restrictions que j'aurais voulu en écarter. J'aurais désiré, en ce qui me concerne, qu'il n'y eût, même en haut, aucune limitation dans le chiffre du capital; que les coupures d'actions ne fussent pas limitées, que les pénalités correctionnelles fussent moins prodiguées, que la réglementation eût été moins minutieuse. J'aurais désiré que le nom, au lieu d'être un nom anglais, qui est à la fois un barbarisme et un solécisme, fût un nom, je ne dirai pas plus national (ce n'est pas là où je place mon point d'honneur national), mais un nom français, un nom plus intelligible. Il est clair qu'en bien des points la loi devra être perfectionnée.

Seulement je n'admets pas qu'elle pèche en ce qu'elle exige relativement à la responsabilité des administrateurs. Je ne partage nullement l'opinion de l'honorable M. Javal, et de l'honorable M. de Kervéguen. Je n'ai pas à entrer dans des détails à cet égard, ils seraient déplacés, nous attendrons les occasions pour nous expliquer; seulement, comme vue d'ensemble, je ferai remarquer à mes deux honorables collègues qu'aucune doctrine n'est plus simple que celle de la Commission, relativement aux administrateurs. Ce sont des mandataires.

Ils seront soumis à toutes les conséquences du mandat qu'ils ont sollicité ou accepté. Il n'y a pas dans la loi autre chose; et je le dis hautement, aucune de ses dispositions ne permet de soutenir qu'on veuille faire peser sur les administrateurs d'autres conséquences que celles qui résultent, d'après le droit commun, de l'acceptation d'un mandat. (C'est cela!) Et j'ajoute que si nous n'avions pas agi ainsi, nous aurions été très-coupables.

La liberté c'est une très-grande et très-bonne chose partout, même en matière de société commerciale, à la condition toutefois qu'en matière de société commerciale, comme en toute autre matière, elle ait un correctif sans lequel elle serait une abominable chose, un redoutable danger, je n'hésite pas à le dire (Très-bien!), à condition qu'elle ait pour correctif la responsabilité de celui qui s'en sert. Si vous nous faites libres, et que vous ne me fassiez pas responsable, vous accomplissez une détestable œuvre, et je ne veux pas de votre liberté. (Très-bien! très-bien!)

Loin donc que nous ayons maintenu la responsabilité des administrateurs; nous avons été fidèles aux exigences du droit, aux principes du bon sens, aux préceptes de la morale. Je n'hésite pas à considérer cette partie de la loi comme celle qui peut le mieux résister à la critique. Voilà ma réponse à ceux qui prétendent que nous n'avons pas été assez libéraux.

Après m'être défendu des deux côtés, après avoir écarté ceux qui trouvent que nous avons trop fait et ceux qui trouvent que nous n'avons pas fait assez, je conclus : oui, dans cette loi, il y a des imperfections, je le reconnais; beaucoup des restrictions qu'elle consacre encore devront disparaître; mais telle qu'elle est, adoptez-la; elle sera efficace, et soyez certains que, peu de jours après son adoption, elle amènera la création de plus de sociétés que les dix dont a parlé l'honorable M. de Kervéguen.

Ne tombons pas cependant dans l'excès des espérances. Cette loi, pas plus que les précédentes, ne sera une panacée universelle, grâce à laquelle les affaires, de languissantes deviendront prospères; la prospérité dépend de beaucoup d'autres conditions. Dans les affaires commerciales, pas plus qu'ailleurs, aucun mécanisme, aucun formalisme ne dispensera jamais de la bonne conduite, qui est la condition du succès dans les affaires humaines; de la bonne foi, qui est le fondement de la confiance qu'on inspire aux autres; surtout rien ne dispensera jamais de cette noble nécessité du travail et de la persévérance; rien ne fera jamais, pas plus dans les affaires qu'ailleurs, quand on a jeté du grain en terre, qu'il ne faille attendre neuf mois avant qu'il lève, et qu'il ne soit pas insensé de vouloir semer et récolter le même jour. (Très-bien ! très-bien !)

A un autre point de vue, tout différent et que je ne puis qu'indiquer, la loi produira des conséquences heureuses. En créant aux capitaux un moyen de constituer des sociétés par actions, sans autorisation du gouvernement, elle rendra inutiles les commandites par actions. Et dès lors la commandite purifiée, dégagée de tout alliage impur, rendue à sa véritable nature, deviendra une source de biens au lieu d'être une source de maux.

Nous nous épuisons tous depuis vingt ans à chercher des règles sur les sociétés en commandite. Les uns proposent des remèdes nouveaux; les autres invoquent je ne sais quelle législation étrangère et nous échouons toujours; la cause en est que nous sommes sortis de la réalité des principes en admettant des actions au porteur dans les sociétés en commandite. Jamais une telle doctrine n'aurait dû être admise. De là sont nés les scandales; là est l'impossibilité d'une bonne loi sur la commandite; comme le disait l'honorable M. Javal, et son observation était pleine de sens, on se trouve toujours dans l'impossibilité d'édicter des dispositions qui conviennent à la fois à la commandite simple et à la commandite par actions. On ne peut accoupler sous des règles identiques deux formes d'associations qui n'ont pas le moindre rapport entre elles. La pratique a été amenée à cette déviation parce qu'elle ne possédait pas pour grouper les capitaux l'anonymat libre. Nous le lui donnons. Dès lors on pourra restituer la commandite à sa véritable nature, et ne l'admettre désormais qu'avec des bailleurs de fonds connus ou des actions nominatives; et la commandite redeviendra un merveilleux instrument d'action. Voyez comme elle se combinera bien avec l'anonymat libre, et que leur domaine respectif est aisé à délimiter! Le but principal des associés est-il de rapprocher des capitaux, de se procurer la puissance que donne le crédit avec le numéraire, la considération de la personne ne sera-t-elle que secondaire, alors nous constituerons une société à responsabilité limitée, avec ses gérants révocables et sa surveillance efficace.

Au contraire, aura-t-on en vue, par l'appel au capital, d'assurer l'action d'une personne déterminée, par exemple, d'un homme de génie ou d'un inventeur habile, ou d'un homme réputé par sa compétence en une matière quelconque, alors le capital deviendra l'accessoire; ce qui dominera, c'est la considération de la personne; alors on adoptera la forme de la commandite avec son gérant omnipotent et ses commanditaires subordonnés. Et par ces moyens vous arriverez au même but; la sécurité des actionnaires et le développement de l'association. (Très-bien! très-bien!)

Je ne sais pas, Messieurs, si j'ai exprimé ma pensée bien clairement (Oui! très-bien!), mais je suis convaincu que je vous indique la combinaison grâce à laquelle nous développerons d'une manière honnête l'esprit d'association et l'esprit commercial. Que la crainte de spéculations malhonnêtes ne nous fasse pas étouffer les spéculations honnêtes; ce serait d'un esprit étroit et d'une mauvaise politique. (Très-bien!) Gardons-nous aussi, dans ce cas aussi bien que dans tout autre, de l'esprit d'exclusion; ne croyons pas qu'il n'y ait qu'une seule manière d'arriver à un même but; ce serait d'un esprit superficiel. Bien souvent les routes sont diverses; mais elles sont également bonnes, parce qu'il y a des esprits divers. Eh bien, au lieu de limiter les formes dans lesquelles l'initiative individuelle peut se produire, élargissez-les, étendez-les. Faites que chacun puisse toujours adopter ce qui convient le mieux à sa nature; de manière à ce que de la liberté de chacun naisse la prospérité de tous. (Marques générales d'approbations.)

M. Le Président. La discussion générale parait close. (Oui! oui!)

Nous passons donc à la discussion des articles.

« Art. 1er. (Adopté.)

« Art. 2. (Adopté.)

Sur l'art. 3, M. Javal a demandé la parole.

M. Javal. Dans cet article 3, on ne parle que des sociétés à responsabilité limitée ; on ne parle pas des autres sociétés. Comment fonctionneront ces autres sociétés ?

M. le commissaire du gouvernement. Je crois qu'il y a confusion. Le projet de loi que nous discutons se réfère à l'article 37 du Code de commerce, c'est-à-dire qu'il dispense les sociétés dont il est question dans le projet de loi actuel de remplir les formalités prescrites par cet article pour les sociétés anonymes. Il ne s'agit donc ici que des sociétés par actions. Vous voyez, du reste, qu'il faut qu'il y ait au moins sept actionnaires pour former la société dont nous nous occupons en ce moment.

J'avoue donc que je ne me rends pas compte de l'observation de M. Javal.

M. L. Javal. Je vais vous l'expliquer. Sept actionnaires sont nécessaires pour faire un capital quelconque, pour faire par exemple un capital de 1,400 fr. pour un petit boutiquier, qui, lui aussi, est intéressant ; je regrette qu'ils soient dans l'obligation d'être sept ; mais enfin il faut qu'ils forment ce nombre. Comment vont-ils fonctionner ?

M. le commissaire du gouvernement. Dans les conditions déterminées par le projet de loi.

M. L. Javal. La loi sur les sociétés à responsabilité limitée est-elle applicable dans ce cas?

M. LE COMMISSAIRE DU GOUVERNEMENT. Toute société qui se formera dans les conditions déterminées par le projet de loi sera soumise à ses dispositions.

M. DU MIRAL. On pourra au lieu d'actions diviser le capital en parts d'intérêt.

M. L. Javal. On pourra diviser en parts d'intérêt; je comprends ainsi la réponse qu'a faite M. le commissaire du gouvernement. Dans ce cas, au lieu de faire des actions, on donnera à chaque intéressé une part, et voilà tout.

J'avais des observations à présenter sur les articles 4, 6, 7, 11, 14. Je ne demande à parler que de l'article 15, parce que cet article a, à mes yeux, une importance très-grande qui doit sauter aux yeux.

D'après l'article 15, l'assemblée générale désigne un ou plusieurs commissaires associés ou non ; ces commisaires sont chargés de faire un rapport à l'assemblée. Je vais tout de suite parler, si vous voulez me le permettre, pour gagner du temps, sur les articles 15 et 16 qui forment presque un article unique. Dans l'article 16, les commissaires ont droit, toutes les fois qu'ils le jugent convenable, de prendre connaissance des livres, d'examiner les opérations de la société et de convoquer l'assemblée générale. Ce sont des commissaires de police. (Interruption.) On va mettre là un étranger qui vient examiner les livres, contrôler vos affaires. Dans tous les cas, c'est une nouvelle fonction qu'on crée, et je demande au moins, puisqu'il est difficile, dans ce moment, de faire changer ces articles 15 et 16, qu'il soit bien établi, parce que je suis convaincu que c'est là la pensée de la Commission et du gouvernement, que des répressions très-sévères seront exercées contre ces commissaires s'ils usent de leur mandat de manière qui puisse nuire d'une façon quelconque aux intérêts sociaux. Voilà des hommes investis d'un pouvoir extraordinaire, et qui peuvent certainement jeter du trouble dans les affaires de la société s'ils ne sont pas des hommes parfaitement modérés. Je demande une explication.

M. du Miral, *rapporteur.* L'article 26 donne complète satisfaction à l'honorable M. Javal. D'après l'article 26, les commissaires sont responsables aux termes du droit commun de l'exécution de leur mandat. Il est évident que s'ils commettent dans l'exécution de leur mandat des fautes, des malversations, des abus, ils en seront responsables, puisque l'article 26 le porte.

Quant à l'institution elle-même, elle est excellente; c'est une garantie de la bonne administration des administrateurs.

M. Quesné. Je demande la parole.

Je voudrais appeler l'attention de la Chambre sur ce que je crois être un oubli dans la rédaction de l'article 18.

Je crois qu'il est dans l'intention de la Commission et des commissaires du gouvernement que les tiers aient le droit de prendre au greffe communication du bilan et du rapport des commissaires.

Eh bien, ceci n'est pas dit ici, et je suis d'autant plus porté à croire que c'est par oubli, que dans l'article 8 on a soin de dire au paragraphe 2:

« Toute personne a le droit de prendre communication des pièces susmentionnées et même de s'en faire délivrer copie à ses frais. »

Je pense que pour éviter tout malentendu, si ma réclamation était trouvée juste, il serait bon de renvoyer l'article à la commission pour qu'on remédiât à ce que je considère comme un oubli.

M. Josseau. Je crois que notre honorable collègue se trompe en disant qu'il y a eu oubli de la part de la commission.

Aux termes de l'article 8, le bilan est à la disposition de tout le monde. L'article 8 dit en effet :

« Dans la quinzaine de la constitution de la société, les administrateurs sont tenus de déposer au greffe du tribunal de commerce : 1° une expédition de l'acte de société et de l'acte constatant la souscription du capital et du versement du quart; 2° une copie certifiée des délibérations prises par l'assemblée générale dans les cas prévus par les articles 4, 5 et 6, et de la liste nominative des souscripteurs, contenant les noms, prénoms, qualités, demeures et le nombre d'actions de chacun d'eux.

« Toute personne a le droit de prendre communication des pièces susmentionnées et même de s'en faire délivrer une copie à ses
frais. »

Quelques voix. Ce n'est plus la même chose!

M. Quesné. Il n'est pas là question de bilan. En tous cas, puisque nous sommes d'accord sur le fond, il me semble qu'il devrait
être facile de nous mettre d'accord sur la forme.

M. du Miral, *rapporteur.* Le bilan est déposé au greffe précisément pour que tout le monde en puisse prendre connaissance. Il
y a une corrélation d'articles qui ne permet aucune espèce de doute;
seulement, dans le second paragraphe de l'article 18, on n'a pas
donné aux actionnaires le droit d'en aller prendre communication
au siége social lui-même, parce que le siége social n'est pas public,
tandis que le greffe est public.

M. le Président. Voilà la réponse de la Commission :
L'article dit qu'on envoie à chaque actionnaire le bilan, etc. Il
est bien présumable que l'actionnaire ne se donnera pas la peine
d'aller au greffe voir ce qui devra lui être envoyé ; donc le dépôt
au greffe serait pour les tiers. C'est là l'idée de la Commission.

Un membre. L'article 8 ne laisse à cet égard aucun doute.

M. Josseau. La pensée évidente de la Commission c'est que le
bilan soit, comme toutes les autres pièces, à la disposition de toutes
les personnes au greffe.

M. le Président. Eh bien, la déclaration suffit!

M. Quesné. Je ferai seulement observer que dans l'article 8 on
dit la chose formellement, et qu'on ne le dit pas dans l'art. 18.
(Bruit.) Si vous pensez que cette discussion a suffi pour éclaircir
la question, je n'insiste plus.

M. Vuillefroy, *commissaire du gouvernement.* Je crois qu'il ne
peut pas y avoir de doute sur l'interprétation de l'article.

Les actionnaires sont les seuls à qui on puisse reconnaître le droit d'aller demander communication des pièces au siége social; quant aux tiers, s'ils veulent connaître le bilan de la société, il faut qu'ils se transportent au greffe du tribunal de commerce, où, d'après les dispositions de l'article, ce bilan doit être déposé.

M. Quesné. Si cela est dans le droit commun, pourquoi le dire dans l'art. 8, et non dans l'art. 18?

M. le commissaire du gouvernement. L'art. 18 porte :

« Quinze jours au moins avant la réunion de l'assemblée générale, une copie du bilan résumant l'inventaire et du rapport des commissaires est adressée à chacun des actionnaires connus et déposée au greffe du tribunal de commerce. »
Par conséquent il est mis là à la disposition du public.

M. le Président. Il y a une nuance qui m'arrive à l'instant même à l'esprit, c'est que dans les opérations de l'article 8, comme c'est le public qui est juge, il va au greffe pour se faire rendre compte de la situation de la société; tandis que dans les opérations de l'article 18 il s'agit du bilan qu'on adresse aux actionnaires.

Il est bien clair qu'il y a une distinction : le public va au greffe pour connaître les opérations qui y ont été accomplies, c'est-à-dire la formation même de la société; mais une fois le bilan déposé, c'est aux actionnaires qu'on l'adresse; eux seuls ont le droit de pénétrer dans le siége de la société.

M. le commissaire du gouvernement. Mais pardon, monsieur le Président.

M. le Président. Permettez! vous ne m'avez pas bien compris, ou je me suis mal expliqué.

Je comprends très-bien que le public puisse se transporter au greffe; mais il n'y a que les actionnaires qui aient le droit d'aller au siége de la société. (C'est vrai !)

Vous m'avez interrompu avant d'avoir entendu la fin de ce que je voulais dire.

Les actionnaires ont seuls le droit d'aller au siége de la société.
Le public, lui, va au greffe, mais les actionnaires n'ont pas intérêt
à y aller, puisqu'ils ont reçu directement les pièces.

Voilà, ce me semble, la distinction. (Aux voix ! au voix !) Je crois
qu'il n'y a pas besoin de renvoyer l'article à la Commission. (Marques d'assentiment.)

Je mets aux voix l'article 18.

(L'article 18 est mis aux voix et adopté.)

M. Cosserat. Messieurs, j'appelle l'attention de la Chambre sur
l'article 20 du projet de loi. Selon cet article, ce n'est que quand
les trois quarts du capital social seront perdus que les administrateurs seront tenus de provoquer la réunion de l'assemblée générale
pour statuer sur la dissolution de la société.

Il me parait nécessaire de faire remarquer à la Chambre que
l'actif d'un inventaire industriel, lors même que cet inventaire est
fait de bonne foi, dépasse toujours la valeur vénale, c'est-à-dire
que si par suite d'une dissolution on met en vente l'établissement,
on trouve un grand déficit entre l'actif indiqué à l'inventaire et la
somme réalisée par le liquidateur.

De tristes et nombreuses expériences viennent chaque jour nous
en donner la preuve, et j'affirme, Messieurs, qu'une société industrielle qui indique 75 0/0 de perte dans son inventaire ne donnera
rien ou presque rien à ses actionnaires après la liquidation définitive. Or si nous voulons qu'il reste encore quelques bribes aux
malheureux actionnaires, il ne faut pas tolérer que les administrateurs attendent qu'il y ait plus du tiers ou de la moitié du capital
social perdu pour provoquer la dissolution.

M. Vuillefroy, *commissaire du gouvernement.* Il me semble,
autant que j'ai pu l'entendre, que l'honorable préopinant s'est
inquiété de ce que l'assemblée générale ne serait appelée à se prononcer sur la dissolution de la société qu'alors que le capital serait
réduit des trois quarts.

Nous avions été plus sévères que la Commission dans cette question. Nous avions pensé qu'alors que le capital serait réduit des
trois quarts, la dissolution ne devait pas être purement facultative,
mais obligatoire.

La Commission nous a fait remarquer qu'il y a certaine nature d'affaires, et entre autres les sociétés d'exploitations de mines, pour lesquelles la réduction du capital à un quart, par exemple, n'est pas toujours une raison de ne pas pouvoir exister, et elle a ajouté que les sociétés devraient, dans une certaine mesure, avoir le même droit qu'ont les particuliers de continuer à vivre tant qu'ils peuvent avoir un espoir légitime de se tirer d'affaire.

La Commission a donc substitué à la dissolution obligatoire, lorsque le capital serait réduit des trois quarts, cette disposition : qu'en pareil cas l'assemblée générale devait être appelée à délibérer, et que le public devait être averti. Nous nous sommes mis d'accord avec elle sur ce point. Les actionnaires de la société devront être réunis et mis en demeure de déclarer s'ils veulent ou non continuer la société. S'ils sont d'avis de dissoudre, on procédera immédiatement à la dissolution ; si au contraire, ils sont d'avis de continuer à faire vivre la société dans les conditions réduites où elle se trouvera, leur délibération devra être publiée comme les actes qui ont constitué la société primitive, et, par conséquent, le public sera averti, il n'y aura pas de péril pour lui.

M. LE BARON DE BEAUVERGER. Pourquoi dire la perte des trois quarts du capital ?

M. LE COMMISSAIRE DU GOUVERNEMENT. Il est évident qu'il faut une limite, et il n'est pas possible de la fixer d'une manière trop rigoureuse. La limite qui fixe la dissolution après la perte des trois quarts du capital est celle qui est généralement adoptée pour les sociétés anonymes. Prononcer la dissolution d'une société quand elle aurait encore la moitié de son capital, ce serait excessif. Il arrive tous les jours qu'une société qui a la moitié de son capital peut encore parfaitement faire ses affaires et continuer ses opérations. (C'est vrai ! Aux voix ! aux voix !)

M. COSSERAT. Il est clair, d'après l'art. 20, que les administrateurs ne sont tenus de convoquer l'assemblée générale que lorsqu'il y a 75 0/0 de perte. Eh bien, je dis que lorsqu'il y a 75 0/0 de perdus, tout est anéanti ; c'est la ruine des actionnaires.

M. LE RAPPORTEUR. Il n'est pas exact de dire que, dans tous les cas, une société soit condamnée à mourir dans l'insolvabilité quand elle a dépensé les trois quarts de son capital. En fait, il y a beaucoup d'exceptions.

Il n'est pas vrai non plus que les actionnaires et le public ne soient avertis de la situation fâcheuse de la société que lorsque les trois quarts du capital ont été perdus. C'est si peu exact que chaque année, il y a des inventaires réguliers pour la sincérité desquels des prescriptions qu'on a accusées d'être trop sévères sont édictées par la loi, et qui ont pour résultat de mettre les tiers et les actionnaires au courant de la véritable situation.

Si donc, à raison de la nature de l'affaire, de la nature de son capital, les véritables intéressés reconnaissent qu'il peut y avoir péril à continuer, lorsque la moitié du capital, par exemple, a péri, qu'il peut y avoir avantage alors à se dissoudre, l'assemblée générale est saisie et prononce sur la dissolution et peut statuer sur elle.

Un membre. Changeons la rédaction, alors !

M. LE RAPPORTEUR. Il n'y a pas à changer la rédaction. En continuant cet ordre d'argumentation, il n'y aurait pas de raison, lorsqu'il y aura un quart du capital perdu, de ne pas dissoudre la société, et on la ferait alors mourir parfois presque au lendemain du jour où elle aurait pris naissance.

M. DAVID DESCHAMPS. Je crains, Messieurs, que l'on ne perde de vue l'observation très-judicieuse que vient de faire notre honorable collègue. Il a dit, et c'est un fait exact, connu de nous tous, que quand une société a perdu les trois quarts de son capital, elle est bien près de sa ruine. Eh bien, c'est à ce moment que l'article 20 enjoint aux administrateurs d'avertir les actionnaires ; je crois alors qu'on a attendu trop longtemps, et que du moment qu'une société a perdu la moitié de son capital... (Très-bien ! — Interruption.)

Je dis que l'art. 20 n'enjoignant aux administrateurs de prévenir les sociétaires que lorsque les trois quarts sont perdus, il est trop tard ; il me semble qu'il suffirait que la moitié du capital fût perdue, non pas pour prononcer la dissolution, — il n'est pas question de prononcer la dissolution, — il s'agit seulement d'enjoindre aux administrateurs d'avertir les actionnaires, et c'est alors que les actionnaires avisent s'il convient de continuer ou de s'arrêter.

M. LE PRÉSIDENT. Posons bien la question. Il est bien clair que l'art. 20 n'exige la convocation des actionnaires par les administrateurs que s'il y a perte des trois quarts du capital; maintenant il est clair que cela ne veut pas dire que les administrateurs n'auront pas le droit de convoquer les actionnaires, si par exemple la perte est de moitié.

Messieurs, je ne discute pas; je pose seulement la question. Je dis que l'obligation de convoquer n'existe dans le projet que quand les trois quarts du capital sont perdus. Il peut convenir à la Chambre que cette obligation naisse plus tôt, c'est-à-dire à la perte de la moitié comme l'a indiqué M. David Deschamps. Je ne dispose pas du vote de la Chambre; je pose la question pour qu'elle soit bien comprise, et que si par hasard il y a rejet de l'article, ce qui constituerait un renvoi à la Commission, la Commission comprenne ce que la Chambre veut. Voilà ce que l'article dispose.

M. EMILE OLLIVIER. Je m'oppose au rejet, au nom de la Commission. Cette question a été discutée très-longuement, et voici les raisons qui ne nous ont pas permis d'adopter l'opinion de l'honorable M. David Deschamps. C'est qu'il est impossible de fixer un chiffre exact auquel on puisse dire sûrement qu'une société est ou n'est pas en péril. (C'est vrai!) Dire la moitié, les trois quarts, un quart, c'est une chose possible, supposable, mais qui n'a pas la certitude nécessaire pour en faire une obligation.

C'est une question de fait que celle de savoir quand la perte réalisée dans une société la met ou ne la met pas en péril. Il peut en effet, arriver très-bien que dans certaine société plus des trois quarts du capital aient été dépensés et qu'on arrive précisément à l'heure où la prospérité va commencer. (Interruption.) Dans cette situation, comment pouvez-vous exiger une dissolution ? (Exclamations et dénégations.)

Permettez, le système du projet est donc très-simple, il dit ceci : à toute heure, à tout moment l'actionnaire est instruit de la réalité; tous les ans ou tous les trois mois, on lui dit sa situation. Quand il juge que le moment de la dissolution est arrivé, il peut la provoquer, et seulement à titre de précaution extraordinaire. Quand la perte est des 3/4, nous allons plus loin, nous imposons à la société l'obligation de se livrer à un examen; dans tous les cas, possibilité de provoquer la dissolution. Quand les 3/4 sont perdus, nécessité d'examiner.

Je crois que c'est l'accumulation des précautions.

M. André (de la Charente). L'honorable M. Ollivier disait tout à l'heure qu'il était difficile de préciser à quel chiffre commençait le péril. Mais je ferai remarquer à la Chambre que la commission, en fixant 75 0/0, a elle-même déterminé un chiffre.

M. Emile Ollivier. Du tout, elle a déterminé l'examen.

M. André (de la Charente). Il ne s'agit pas de la dissolution de la société, ce n'est pas la question; il s'agit de la nécessité qui incombe aux administrateurs, sous leur responsabilité, de convoquer les actionnaires à délibérer.

Je sais bien que chaque année il y a un rapport qui est présenté en assemblée générale; mais l'expérience n'a que trop prouvé que ces assemblées et ces rapports annuels ne suffisent pas, et comment les conseils d'administration savent se rendre maîtres des votes d'une assemblée. Il leur faut une autre obligation légale et morale. La Commission l'a jugé ainsi, mais elle veut attendre qu'il y ait 75 0/0 de perte de l'actif social, et on lui objecte qu'en matière commerciale un actif aux trois quarts dévoré est un actif perdu, et qu'il est trop tard pour avertir. J'insiste donc, et je crois que, quand il y a 50 0/0 de perte, il y a nécessité loyale pour les administrateurs d'avertir les actionnaires. (Aux voix ! aux voix !)

(L'art. 20 est adopté.)

M. le baron de Bussierre. L'article 22 a été copié sur la loi de 1856, je crois; et il se rapporte aux sociétés en commandite. Aujourd'hui vous voulez faire des sociétés anonymes, avec une autre épithète. Eh bien, si cet article s'applique aux sociétés anonymes, vous ne trouverez jamais d'administrateurs. Pour ma part, je ne voudrais jamais être administrateur à de pareilles conditions. J'aurais donc voulu que la Commission voulût bien nous donner quelques explications.

M. du Minal. L'article 22 n'est pas emprunté à la loi de 1856. Il trouve une analogie dans la loi de 1856, et contre laquelle aucune espèce de critique n'a été élevée par des tribunaux ou des chambres de commerce ; on évite ainsi des frais et des complications de procédure dans un but louable, celui de faciliter l'action qui serait intentée contre les administrateurs prévaricateurs par les actionnaires dont les intérêts auraient besoin d'être sauvegardés.

Il n'en résulte pas, pour les actionnaires, le droit d'intenter une action sans fondement; ils ont, du reste, incontestablement le droit d'exercer collectivement l'action dont l'article 22 autorise l'exercice collectif. Je le répète, aucune espèce de critique n'a été faite ni par les tribunaux ni par les chambres de commerce, qui ont été universellement consultées contre cette disposition de la loi qui n'a pas été modifiée par nous.

M. LE BARON DE BUSSIERRE. Messieurs, j'ai eu l'honneur de présenter hier à la Chambre quelques observations sur l'article 22; j'ai trouvé dans la rédaction de cet article une entrave qui se présentera, suivant moi, toutes les fois qu'une société viendra à se créer. Il me semble qu'avec les conditions que l'on impose à ceux qui administreront cette société, il sera fort difficile de trouver des administrateurs. Je suis partisan très-zélé de la société anonyme; je trouve dans l'examen du Conseil d'État, dans l'autorisation qu'une société anonyme doit demander au gouvernement, des garanties qui sont excessivement avantageuses pour le public et pour les actionnaires. Vous avez voulu faire par cette loi un anonymat moins considérable que celui qui doit demander l'autorisation du gouvernement. Vous avez voulu étendre le bénéfice de cette forme de société à des entreprises moins considérables, à des établissements moins importants. Je m'associe à cette loi; je m'associe à tout ce qui a été développé à l'appui, et dans le rapport de notre honorable collègue, M. du Miral, et dans les observations qui ont été présentées hier par l'honorable M. Émile Ollivier; mais je voudrais rendre la loi exécutable; je voudrais que, lorsqu'il se présente une occasion de former une société pareille, ceux qu'on voudrait appeler à la gérer pussent la gérer d'une manière facile, régulière, et ne pas être dans une espèce de suspicion constante de la part de leurs associés. Quand les affaires vont bien, il n'y a jamais de réclamations; mais aussitôt que les affaires prennent une tournure un peu moins avantageuse, et cela se présente souvent dans le commerce et l'industrie, nous en avons l'exemple dans ce moment-ci dans les affaires cotonnières et dans les affaires

métallurgiques, aussitôt les actionnaires, se trouvant gênés, frois-
sés, s'en prennent à l'administration.

A partir de cet article 22 jusqu'à la fin du projet de loi je vois
partout une suspicion contre les administrateurs ; je vois une espèce de mise en demeure constante ; je vois à chaque article des
pénalités. Eh bien, ces suspicions et ces pénalités rendront l'exécution de votre loi impossible. Le droit commun rend chaque personne responsable de ce qu'elle fait. Pourquoi changer le droit
commun ? Contentez-vous du droit commun, contentez-vous de la
loi dans les termes du droit commun, et supprimez l'article 22.
Je ne vois pas son utilité, et je propose à la Chambre de ne pas
l'adopter.

M. Josseau. Messieurs, je ne saurais partager l'opinion qui vient
d'être émise par l'honorable M. le baron de Bussierre. L'article qu'il
attaque ne me paraît pas avoir la portée qu'il lui attribue. Et d'abord,
quelle en est l'origine ? Cette origine, il faut la chercher, comme
le disait hier l'honorable M. Du Miral, dans la loi de 1856. Dans
quel but cette disposition a-t-elle été introduite dans la loi de 1856 ?
C'est afin de permettre aux actionnaires, aux petits actionnaires
surtout, à ceux qui sont d'autant plus dignes d'appui et de protection qu'ils sont plus faibles, qu'ils peuvent moins s'exposer aux
frais disproportionnés avec leurs ressources, qu'entraîneraient des
procès isolés ; c'est afin, dis-je, de permettre à ces petits actionnaires de sauvegarder plus facilement et plus économiquement
que par des instances séparées les intérêts que la faute des administrateurs pourrait avoir compromis ; c'est surtout en faveur de
cette classe d'actionnaires qu'il a été dérogé par la loi de 1856 à
cette règle, *que nul en France ne plaide par procureur*. Cette loi
leur a permis de se réunir et de s'entendre, au lieu d'intenter une
série d'actions qui engendrerait des frais multipliés, elle leur a
permis de nommer un ou plusieurs commissaires ayant qualité
pour représenter dix, vingt, trente d'entre eux, et plaider en leurs
noms. Telle est la pensée qui a présidé à l'institution des commissaires ; pensée qui n'a eu d'autre but que la simplification des pro-
cédures, la diminution des frais, et un accès plus facile auprès des
tribunaux, ouvert à ces actionnaires qui sont, comme je le disais
tout à l'heure, les plus dignes de la protection particulière du législateur.

C'est dans le même but que l'article 22 a été introduit dans le projet de loi en discussion. Ce n'est donc pas, comme le pense l'honorable préopinant, une pensée de défiance ou de suspicion contre les administrateurs qui a inspiré les auteurs de cette disposition.

Pourquoi refuser aux actionnaires des sociétés à responsabilité limitée une faculté qu'ils ont dans les sociétés en commandite, sans que jamais, depuis 1856, il ait été élevé la moindre réclamation contre son exercice?

N'apercevez-vous pas, au contraire, que si cette facilité existe vis-à-vis des membres d'un conseil de surveillance, il y a une raison de plus pour l'admettre vis-à-vis des administrateurs d'une société à responsabilité limitée?

En effet, si les actionnaires en ont usé sans qu'aucune critique ait été adressée à la loi de 1856, à ce point de vue, contre des personnes qui ne prennent aucune part à l'administration, n'est-il pas juste, à plus forte raison, que ces mêmes actionnaires puissent en user contre des administrateurs sur lesquels doit peser une responsabilité plus grande, puisqu'ils ont non-seulement la surveillance, mais l'action, la direction, la gestion de la compagnie?

Je crois donc que, à ces différents points de vue, au point de vue de la simplification de la procédure, au point de vue de la protection des petits actionnaires, et par cet argument *à fortiori* que je viens d'indiquer, la disposition est facile à justifier.

Notre honorable collègue terminait ses observations en disant que, à partir de l'article 22, nous allions rencontrer des dispositions entachées d'un caractère de suspicion et des pénalités trop sévères contre les administrateurs.

Qu'il veuille bien me permettre de lui faire remarquer qu'en ce qui concerne les administrateurs, la commission, au nom de laquelle je parle en ce moment, s'est attachée à les placer, quant à leur responsabilité, sous l'empire des principes du droit commun en matière de mandat. Ils sont responsables ni plus ni moins que les autres mandataires.

Quant aux pénalités, elles ne s'adressent qu'à la mauvaise foi, à la fraude commise, soit comme auteur, soit comme complice. Certes, tout homme sensé reconnaîtra que, dans les sociétés nouvelles, l'absence de l'autorisation du Gouvernement les rendait nécessaires; et je suis convaincu, pour ma part, qu'il n'y a pas un honnête homme qui soit détourné d'entrer, en qualité d'administrateur, dans une société par des appréhensions de cette nature.

M. Duvergier, *conseiller d'État, commissaire du Gouvernement*. Messieurs, l'honorable préopinant vous disait, que, dans la loi de 1856, on avait été obligé d'accumuler les précautions et les pénalités même contre les membres des conseils de surveillance qui abuseraient de leur pouvoir. Cela est vrai, et, quant à moi, je crois qu'il faut se féliciter des mesures qui ont été prises à cette époque. On prétend que, dans la loi actuelle, on a reproduit une partie de ces précautions considérées par quelques personnes comme étant trop sévères. Quand nous arriverons aux articles auxquels faisait allusion l'honorable membre nous les expliquerons; mais quant à celui dont nous nous occupons en ce moment, il est parfaitement innocent du reproche qu'on croit pouvoir adresser aux autres. La disposition de l'art. 22 n'a été insérée ni dans la loi de 1856, ni dans la loi actuelle, avec la pensée de rendre la condition des administrateurs plus difficile. Comme l'expliquait l'honorable M. Josseau tout à l'heure, il n'y a eu qu'un sentiment quand on a fait, soit l'article 14 de la loi de 1856, soit l'article 22 de la loi actuelle : ç'a été de rendre moins onéreux, soit pour les actionnaires, soit pour les administrateurs eux-mêmes, les procès auxquels ils seraient exposés.

Permettez-moi de vous indiquer, et vous le savez déjà, quelle est la position des actionnaires vis-à-vis de l'administration. Chaque actionnaire, personnellement, est investi du droit de faire un procès à l'administrateur quand il croit que celui-ci a mal géré et lui a causé ainsi un préjudice. Personne ne peut avoir la pensée d'enlever à l'actionnaire cette action individuelle qui lui appartient incontestablement. De sorte que, quand même vous ne mettriez rien dans la loi, quand vous supprimeriez l'article 22, chaque actionnaire aurait toujours le droit de dire à chaque administrateur : Je vous assigne devant le tribunal de commerce, en raison du préjudice que vous m'avez causé et pour en obtenir la réparation.

Voilà la position des actionnaires.

Que résultera-t-il de la disposition nouvelle? C'est qu'un certain nombre d'actionnaires se réunissant pourront dire : Nous avons un intérêt commun; tel ou tel acte de l'administration nous a été nuisible; nous en voulons la réparation.

Rien de plus légitime. Chacun d'eux, Messieurs, peut assigner si cela lui plaît, par un exploit séparé, l'administrateur contre lequel il croit avoir un juste motif de plainte. Au lieu de ces assignations multipliées qui donneraient droit à des frais spéciaux, à des droits d'enregistrement séparés, à des actes d'huissier distincts, on en fera un seul qui sera libellé au nom de tous les associés représentés par un seul commissaire.

Voilà la seule différence que l'article 22 établit entre les règles du droit commun et celles qui régiront les nouvelles sociétés.

Comment les administrateurs peuvent-ils voir là quelque chose qui rende leur situation effrayante? On craint, dit-on, qu'une société étant dans une mauvaise position, et tout le monde étant mécontent, on ne se groupe pour faire un procès aux administrateurs.

Cette action formée par une seule personne au nom de plusieurs aura, dit-on, un plus grand effet que l'action que chacun des actionnaires pourrait intenter à part. Cet inconvénient n'existe pas en réalité; seulement il y aura cet avantage qu'un actionnaire n'aura pas à supporter seul les dépens du procès qui aura été engagé.

Mais remarquez que cette disposition peut être aussi bien favorable à l'administrateur qu'à l'actionnaire. Si l'administrateur est condamné, il profitera de la simplification de la procédure; car il aura moins de frais à payer; et s'il gagne son procès, que lui importe que l'action ait été intentée par une ou par plusieurs personnes? Il y aura même pour lui ce bénéfice moral que lorsqu'une action collective aura été dirigée contre lui et qu'il en aura triomphé, il ne se trouvera plus parmi les actionnaires personne qui soit tenté d'élever la voix et de renouveler ce procès qui aura été déjà perdu, et perdu sous l'influence, très-grande sans doute sur l'esprit des magistrats, d'une action formée collectivement par un certain nombre d'actionnaires.

Il y a cependant une différence entre la loi actuelle et la loi de 1856; cette différence, vous l'avez déjà aperçue. On aurait pu supposer qu'un petit nombre d'actionnaires représentant un petit nombre d'actions seraient entraînés à intenter une action collective. Eh bien, pour aller au-devant de cet inconvénient dont je reconnais la possibilité, on a mis dans la loi une disposition qui exige, pour que l'action collective puisse être intentée dans la forme économique dont il s'agit, que les actionnaires réunis qui auront eu la pensée de faire le procès représentent le vingtième du capital social. Je crois qu'il y a là une garantie qui peut rassurer les plus timides, et que si l'on se pénétrait bien de l'intention qui a inspiré sa disposition et des effets qu'elle doit produire, on serait véritablement convaincu que ce n'est pas à cet article qu'il faut s'adresser lorsqu'on craint que des prescriptions trop sévères empêchent des gens honnêtes d'occuper les fonctions d'administrateur.

Permettez-moi de faire une réflexion générale, qui est peut-être un peu prématurée, sur la position d'administrateur.

Comme le disait l'honorable M. Josseau, que contient donc la loi sur les administrateurs? J'entends toujours parler de cette position si difficile qu'on veut faire aux administrateurs. Que leur dit-on? Le voici : Vous êtes des administrateurs, et tenus aux conséquences légales de cette qualité d'administrateurs ou de mandataires, car ce sont là deux expressions qui expriment la même idée. Vous êtes administrateurs; comme tels, vous êtes obligés à être vigilants, à bien gérer les intérêts que vous avez promis d'administrer. Pour que vous puissiez être l'objet d'une action en justice, que faut-il avoir à vous reprocher? Ou une fraude ou une faute grave.

Eh bien, je ne vois rien là qui soit si effrayant pour des gens qui voudront administrer avec loyauté et intelligence.

Sans doute il y a quelquefois dans une assemblée générale des luttes qui peuvent avoir certains désagréments pour les administrateurs; si on ne veut pas s'y exposer, il ne faut pas adopter cette forme de société. Mais je soutiens qu'il est impossible de comprendre une société formée d'un grand nombre de personnes, ayant à sa tête des administrateurs, sans que la responsabilité de droit commun pèse sur ces derniers. On effacerait toutes les dispositions qui soulèvent quelques inquiétudes, qu'on n'en resterait pas moins dans l'état où la loi a placé les administrateurs, c'est-à-dire sous le coup d'une responsabilité qui n'est que la conséquence de leur qualité de mandataires.

M. Devinck. L'art. 22 a pour objet évidemment de rendre plus facile, plus économique la possibilité d'intenter une action contre les administrateurs à raison de leur gestion. C'est bien là le but que l'on se propose par la disposition dont il s'agit. Eh bien, je demande si cette disposition aura pour résultat d'encourager beaucoup de personnes à devenir administrateurs de sociétés à responsabilité limitée, et je voudrais me placer un instant à un autre point de vue que celui qui vous a été indiqué tout à l'heure par mon honorable collègue.

Il est bien évident que lorsqu'on doit individuellement intenter une action et en supporter les dépens, on y réfléchit longtemps auparavant; on y réfléchit moins longtemps lorsqu'il faut purement et simplement signer un pouvoir, donner à un individu le droit d'intenter une action collective. Qu'en résulte-t-il, car il faut arriver aux faits pratiques? Un agent d'affaires pourra se rendre au greffe du tribunal de commerce; il y trouvera les noms des actionnaires, se rendra chez eux, les sollicitera et obtiendra d'eux des pouvoirs avec lesquels il introduira une action collective avec laquelle il arrêtera la marche de la société. Dans ma conviction, ce sera une mauvaise chose, non pas seulement au point de vue des actionnaires, de la société elle-même, mais encore au point de vue des créanciers de la société; parce que, aussitôt qu'une action collective aura été intentée, soyez certains que la société sera frappée de discrédit.

Est-ce qu'il n'est pas préférable de laisser à chacun l'action individuelle qui lui appartient? La loi que nous examinons a pour objet d'admettre une nouvelle forme de société; je ne sais pas quel en sera le résultat; mais, comme en résumé nous ne détruisons rien, que c'est une faculté que nous donnons au commerce et à l'industrie, il y a peut-être moins d'inconvénient à admettre la loi avec certaines modifications, et à une condition cependant, c'est que pour les sociétés de cette nouvelle espèce on trouve des gérants, hommes honorables et capables.

Eh bien, soyez convaincus que si les gérants sont toujours sous la crainte d'une action collective, qui peut être intentée contre eux, on les trouvera plus difficilement. L'action individuelle n'aurait pas les mêmes conséquences, elle n'arrêterait pas la marche de la société; mais, lorsqu'un certain nombre d'actionnaires représentant le quart ou le cinquième du capital auront introduit une instance, la marche de la société sera compromise.

M. Du Miral, *rapporteur*. Vous supprimeriez l'art. 22, que l'action collective dont se plaint l'honorable M. Devinck serait toujours possible. Rien n'empêcherait une agrégation d'actionnaires de se réunir, sans le secours de cet article, pour intenter l'action collective qu'on redoute. Vous ne détruiriez donc pas le prétendu danger dont vous êtes préoccupés. Mais il faut le réduire à sa juste valeur ; il faut apprécier, d'un côté, l'inconvénient qui vous est signalé, et de l'autre les incontestables avantages que l'article réaliserait.

On suppose que les actionnaires sont des gens tracassiers, menés par des hommes d'affaires, qui viennent intenter contre les hommes les plus honorables des procès qui n'ont pas le sens commun.

Je dis que cette hypothèse est une hypothèse parfaitement gratuite, qu'elle ne se réalisera presque jamais, car des gens sensés n'intentent des procès que lorsqu'ils peuvent avoir des résultats utiles. Il est de toute évidence que si les administrateurs étaient demeurés complétement honorables, s'ils n'avaient pas commis de fautes graves, on n'irait pas intenter des procès contre eux. En regard de cette situation très-invraisemblable qui préoccupe l'honorable M. Devinck, il y en a une autre beaucoup plus sérieuse et beaucoup plus ordinaire, c'est celle dans laquelle des fautes considérables ont été commises et où les actionnaires ont droit à une réparation, c'est le cas le plus fréquent. Pour ce cas-là, je maintiens que la disposition de l'art. 22 est un avantage considérable. Cet article réalise une réforme qui probablement s'étendra plus tard même aux lois non commerciales, car c'est un des abus les plus graves de notre régime de procédure que l'immensité des frais qu'entraîne l'action individuellement exercée, lorsqu'en réalité elle a un caractère collectif.

L'avantage est donc certain et l'inconvénient est très-faible ; s'il arrive par hasard, une fois sur mille, qu'un mauvais procès soit intenté, des administrateurs honorables n'auront pas à en redouter les suites.

Mais il n'est pas admissible que des actionnaires sacrifient habituellement leur intérêt bien entendu pour obéir aux provocations d'agents d'affaires.

En résumé, l'article ne crée pas un droit nouveau ; le droit existe ; c'est une nouvelle facilité de procédure qui profitera aux administrateurs eux-mêmes dans des cas déterminés. En présence d'un très-rare et très-faible inconvénient, il réalise un avantage incontestable dans le plus grand nombre des cas.

Pour ma part, je persiste à demander qu'il soit maintenu.

M. VUILLEFROY, *président de section, commissaire du gouvernement.* L'honorable M. Duvergier et l'honorable M. DU MIRAL vous ont expliqué déjà l'objet de l'art. 22. Je crois que personne, en ce moment, ne contestera que cet article ne crée pour les administrateurs aucune responsabilité. Chacun reconnaît que tout associé a aujourd'hui le droit de poursuivre individuellement les administrateurs devant les tribunaux, et qu'il ne s'agit que de simplifier la procédure lorsque la poursuite doit être exercée à la fois par un certain nombre d'actionnaires. L'article a pour objet de leur permettre en pareil cas de se réunir et d'intenter une action collective; cette faculté aura pour effet de diminuer les frais et de simplifier la procédure dans l'intérêt de tous. Mais je n'ai pas pris la parole pour insister sur ces points qui me paraissent suffisamment éclaircis, je demande seulement à la Chambre la permission de lui faire une observation générale. Il y a dans la loi que nous discutons différents intérêts qu'il faut régler et protéger : il y a l'intérêt des administrateurs, qui n'est pas sur tous les points distinct de celui des actionnaires; il y a l'intérêt des actionnaires, et il y a l'intérêt des tiers. Le but du gouvernement a été de faire à chacun sa part, de ménager chacun de ces intérêts dans la proportion où il était juste et légitime de le faire, mais de ne jamais sacrifier l'un à l'autre.

En vérité, à entendre certains orateurs, on croirait quelquefois que la loi que nous faisons est une loi où, avant tout, nous devons avoir en vue de ménager l'intérêt des administrateurs. Mais la loi n'est pas faite dans l'intérêt des fondateurs d'entreprise; la loi est faite pour permettre, dans un intérêt général, de créer, à l'aide de la réunion de fonds disséminés, des entreprises auxquelles séparément ils n'auraient pas pu suffire.

Voilà, Messieurs, l'objet de la loi.

Maintenant, quelle est la première préoccupation que nous devions avoir en faisant la loi ?

La première préoccupation devait être de ménager l'intérêt des tiers et de s'arranger de manière qu'en aucun cas cet intérêt des tiers puisse être sacrifié. Nous devions également nous préoccuper des intérêts des actionnaires.

Quand un appel est fait aux capitaux du public, cet appel est généralement fait par ceux qui doivent devenir les administrateurs de la société.

Rarement les détails de l'affaire sont bien compris par la masse des actionnaires. Leur souscription est souvent plutôt de leur part un acte de confiance qu'un acte d'examen et de discussion. Il est donc naturel que la loi s'occupe de procurer des garanties à ceux qui apportent ainsi leur capital et de réserver leurs droits. Quelle est vis-à-vis des actionnaires la position des administrateurs? Ils ne sont que les représentants des actionnaires, les mandataires chargés de leurs intérêts, et on voudrait que ces mandataires, qui prennent la direction de l'entreprise, n'encourussent pas une responsabilité sérieuse! Mais cette responsabilité, elle est dans le droit commun.

Si on a dû se préoccuper de ménager tous les intérêts, je vous ferai remarquer que l'article actuel ne porte aucun grief à l'intérêt des administrateurs; il les laisse dans leur situation, soumis à la responsabilité qui doit naturellement leur incomber. Mais nous n'entendons en aucune façon faire des administrateurs ce que l'honorable M. de Kervéguen nous disait hier des administrateurs anglais, qui, à raison de l'énormité des frais judiciaires en ce pays, n'auraient jamais à craindre d'être poursuivis. Nous voulons que les administrateurs remplissent leur mandat et que, lorsqu'ils ne le font pas, les actionnaires aient la possibilité de les poursuivre et de faire juger leurs réclamations.

C'est là l'objet de l'article. C'est de faire que les actionnaires, au lieu d'être obligés d'exercer chacun une action individuelle, et d'être soumis par là à des difficultés sans nombre et à des frais très-considérables, qui souvent les arrêteraient, puissent dans un intérêt commun se réunir pour faire valoir leurs réclamations et intenter une action collective, de manière à éviter des lenteurs, des complications de procédure et des frais excessifs.

Voilà le but, l'unique but de l'article, c'est de simplifier la procédure dans l'intérêt des actionnaires.

Maintenant est-il à craindre que les actionnaires soient, comme on le disait tout à l'heure, exploités par les agents d'affaires? Mais permettez, si les agents d'affaires ont un intérêt contraire à celui de la société, ne leur serait-il pas plus facile de trouver des actionnaires isolés pour les entraîner à des poursuites sans fondement, que d'amener une masse d'actionnaires qui représenterait le vingtième du fonds social à prendre une décision collective contraire à l'intérêt de cette masse; c'est-à-dire contraire la plupart du temps à leur intérêt propre. Du reste ces manœuvres sont peu à craindre et il y a plutôt lieu de croire que nombre d'actionnaires possédant le vingtième du fonds social ne se décideront à intenter une action

collective que dans des cas très-rares et en présence de graves ir-
régularités.

(L'art. 22, mis aux voix, est adopté.)

M. Léopold Javal. L'article 27 dit que les administrateurs « sont
tenus solidairement du préjudice qu'ils peuvent avoir causé soit
aux tiers, soit aux associés, en distribuant ou en faisant distribuer
sans opposition des dividendes qui, d'après l'état de la société,
constaté par les inventaires, n'étaient pas réellement acquis, »

J'espère que la discussion ne sera pas longue sur ce article, car
je suis convaincu que MM. les commissaires du Gouvernement et
MM. les membres de la commission l'entendent comme moi. Cependant, pour qu'il ne reste aucune ambiguïté, une explication à
cet égard me paraît utile.

Je ne pense pas que si, de bonne foi, des administrateurs ont fait,
lors de leur inventaire, des évaluations, et que ces évaluations, par
suite des circonstances, se sont trouvées erronées, on ait l'intention
de les rendre responsables, et que les mots « dividende réellement
acquis » puissent leur être opposés, attendu qu'on trouverait qu'il
n'en est pas ainsi, puisqu'il y aurait eu dépréciation dans les valeurs, dépréciation postérieure.

Conséquemment, si l'article devait être ainsi entendu, je ne de-
manderais pas le renvoi à la commission, car nous sommes à une
époque de la session où ce renvoi pourrait avoir de graves inconvénients; mais si la manière d'entendre l'article est la même de la
part du Gouvernement et de la commission que de la part de l'assemblée, ce serait une tranquillité que l'on donnerait à tout le
monde.

Eh bien, pour obtenir ce résultat, je crois que l'article devrait
être rédigé dans ce sens, et alors nous serions parfaitement d'accord.

Il faudrait dire : « Les dividendes qui, d'après l'état de la société, constaté par les inventaires, ne pourraient pas, de bonne foi,
être considérés par les administrateurs comme réellement acquis. »

Je crois que c'est là la pensée de l'article. Si c'est là aussi la pensée de l'assemblée, nous sommes parfaitement d'accord.

J'aimerais bien, si MM. les commissaires du Gouvernement par-
tageaient mon opinion, qu'ils voulussent bien nous le dire, et je

demandera ensuite la permission de donner ma rédaction à M. le Président.

M. Vuillefroy, *commissaire du Gouvernement.* Nous sommes d'accord sur la pensée; mais nous ne pouvons pas changer la rédaction.

M. L. Javal. Je ne demande pas que l'on change la rédaction, si nous sommes d'accord.

M. le commissaire du Gouvernement. La question de bonne foi est toujours réservée.

M. Du Miral, *rapporteur.* Si vous entendez que la dépréciation postérieure à l'inventaire, et qu'on n'a pas pu prévoir lors de l'inventaire, ne peut pas donner lieu à poursuites, vous avez mille fois raison.

M. Léopold Javal. On ne peut pas discuter sur la question de savoir si l'on a pu prévoir ou non lors de l'inventaire. Les uns diront : « Vous pouviez prévoir ! » les autres : « Vous ne pouviez pas ! »

Quelques voix. Les tribunaux apprécieront !

Un membre. S'il y a faute lourde, l'administrateur sera responsable; voilà tout.

M. Léopold Javal. Je demande simplement que la question de bonne foi soit réservée.

M. Gouin. Je tiens autant que la Chambre à ne pas prolonger inutilement cette discussion. Cependant je lui demande la permission de présenter aussi succinctement que possible une observation qui me parait de la plus haute importance, dans l'intérêt même de la loi qui vous est soumise. Je ne m'élève pas contre la responsabilité qui doit peser sur les administrateurs, je l'admets parfaitement; elle est juste. Mais ce contre quoi je m'élève, c'est la durée de la responsabilité : je ne comprends pas qu'un administrateur puisse être sous le coup de cette responsabilité d'une manière presque indéfinie, c'est-à-dire pendant trente ans.

Remarquez bien que la responsabilité est déclarée solidaire entre les administrateurs, non-seulement pour les fautes qui peuvent être commises, mais encore pour l'inexactitude des inventaires.

Eh bien, laisser un administrateur dans cette situation, de transmettre à sa famille un procès qui peut lui être intenté, qui peut porter atteinte à sa fortune, cela me paraît une chose monstrueuse et contraire à l'esprit même de la loi.

Mon observation vient un peu tard, je le reconnais; je regrette qu'il n'en ait pas été tenu compte par la commission elle-même, et qu'elle n'ait pas limité à cinq ans la durée de la responsabilité : c'était déjà très-long. Il m'aurait paru naturel que l'administrateur fût déchargé de cette responsabilité, lorsque l'assemblée des actionnaires, après avoir nommé une commission pour examiner, aurait prononcé ; mais cette responsabilité sans terme me paraît, je le répète, contraire à l'équité et aux habitudes qui existent en matière de gestion financière et commerciale. (Marques d'approbation.)

M. Duvergier, *commissaire du Gouvernement.* La question que vient de soulever l'honorable M. Gouin a été discutée entre vos commissaires et ceux du Gouvernement, et l'on doit reconnaître, les membres de la commission nous rendront cette justice, — qu'aussitôt que cette pensée de limiter la durée de la responsabilité des administrateurs s'est produite, elle a rencontré chez nous une secrète sympathie : nous avons examiné jusqu'à quel point il était possible de faire droit à cette réclamation.

Mais nous avons été aussi, Messieurs, en présence d'une autre idée qui doit vous préoccuper autant que nous : c'est qu'il ne faut pas introduire trop légèrement, à l'improviste, dans notre législation, des dispositions nouvelles qui ne seraient pas en harmonie avec le système général de nos lois.

Voilà les deux idées, les deux premières impressions qui se sont produites dans l'esprit des commissaires du Gouvernement, aussitôt que la question de la prescription de cinq ans s'est présentée.

L'étude de la question a pu être faite ensuite très-attentivement, car la commission a présenté au conseil d'État un amendement qui reproduisait la pensée de la prescription quinquennale. Alors, nous avons examiné quelles étaient, dans notre législation, d'abord les dispositions générales qui établissent la prescription, et ensuite les dispositions spéciales qui limitent, dans certains cas, l'action à une durée de cinq ans.

D'abord, les lois générales veulent que l'action dure trente ans. Je sais bien que ces dispositions remontent à une époque où les choses allaient plus lentement qu'elles ne vont aujourd'hui ; mais il n'en est pas moins vrai que le principe général de notre législation, c'est que les actions ne sont éteintes que par la prescription trentenaire.

A côté de cette règle générale, il y a des exceptions ; il y en a une dans l'article 2277 du Code Napoléon, qui déclare prescriptibles par cinq années les redevances qui sont payables par année ou à des termes périodiques plus courts.

Mais cela n'a aucune analogie avec la situation dans laquelle nous sommes placés. Il y a une autre disposition qui a appelé notre attention toute particulière ; c'est celle de l'article 64 du Code de commerce, qui établit une prescription particulière en matière d'association.

La jurisprudence a examiné la portée de cette disposition ; elle a reconnu que la prescription n'était relative qu'aux tiers, c'est-à-dire que les tiers qui peuvent avoir une action contre des personnes ayant fait partie d'une société ne peuvent l'exercer cinq ans après un événement rendu public d'une manière solennelle, la dissolution de la société officiellement publiée par les procédés que le Code de commerce indique ; ainsi les tiers qui peuvent avoir des actions contre les membres de la société doivent les exercer dans les cinq ans, à partir de l'époque que j'ai signalée.

Mais quant aux associés entre eux, et c'est la situation dont on se préoccupe, l'action que certains associés pourront avoir à intenter contre ceux qui ont été les administrateurs de la société dure trente ans ; chaque associé peut demander compte à son associé des actes qu'il a faits et qui peuvent avoir été préjudiciables à l'intérêt général et par conséquent préjudiciables à l'intérêt individuel de chaque associé.

Quelle que soit la forme de la société, quelle soit une société en nom collectif, une société en commandite ordinaire, une société par action, une société en participation, même une société anonyme, aujourd'hui les associés ont entre eux une action qui dure trente ans ; voilà la règle. Quel serait donc le motif qui ferait faire une faveur toute particulière, toute spéciale dans le cas particulier dont il s'agit ? Est-ce parce que les administrateurs auraient distribué des dividendes qu'ils ne devaient pas distribuer ? Je ne crois pas que cette considération puisse avoir beaucoup de puissance sur l'esprit de la Chambre. S'il y a une occasion où il soit bon que les administrateurs soient responsables de leurs actes, c'est lorsque par une imprudence très-grave ou par un fait plus grave encore, par une fraude, ils auraient distribué des dividendes aux associés, de manière à leur persuader que la société était dans un état de prospérité où elle n'était pas réellement ; la nature de l'action dont il s'agit ne provoque en aucune façon la faveur spéciale qu'on voudrait bien accorder.

Mais ne vous effrayez pas des conséquences que peut produire le rejet de la proposition dont se préoccupe l'honorable M. Gouin. Vous allez voir que si on veut analyser les différentes positions dans lesquelles se trouveront placés, soit les associés, soit les tiers, il est parfaitement raisonnable de ne pas admettre la prescription de cinq ans. Je suppose qu'il s'agisse de tiers ; comment pourrait-on songer à limiter à cinq ans l'action des tiers qui auraient été trompés par des distributions de dividendes qui n'auraient pas été régulières et légales, c'est-à-dire en harmonie avec la situation vraie de la société ? Toute la faveur qu'on peut accorder aux associés, c'est de les faire profiter, et ils en profiteront, des dispositions de l'art. 64 du Code commerce. Si une société a été dissoute, si la dissolution a été publiée, si cinq ans sont écoulés, les tiers n'auront aucune action à former contre les associés, autres que les liquidateurs. Et remarquez que la jurisprudence a été au delà de ce que semblent indiquer les termes de la loi.

On s'est demandé : Qu'arriverait-il si un associé s'était retiré de la société ? Faudra-t-il qu'après s'être retiré de la société il reste encore passible d'une action qui durerait cinq ans à compter du jour de la dissolution de la société ? On a répondu que le fait de la retraite d'un associé devait être considéré, à son égard, comme la dissolution de la société, si la retraite de cet associé a été publiée comme elle devait l'être ; dès ce moment commence la prescription de cinq ans qui le protége. Ainsi, relativement aux tiers, la position est ce qu'elle doit être et le droit commun doit être maintenu.

Examinons maintenant l'action des associés entre eux. De deux choses l'une : lorsque la distribution de dividendes aura été faite, et qu'elle aura été faite irrégulièrement, l'année suivante, il faudra nécessairement, dans le bilan qui sera dressé, que les administrateurs révèlent le fait qui s'est passé, et que le fait soit apprécié; il faudra qu'ils viennent dire : Nous nous étions trompés dans l'appréciation que nous avons faite des valeurs de la société, et, agissant sous l'influence de la pensée qu'il y avait un actif considérable nous avons distribué des dividendes; cette année, nous sommes obligés de n'en pas distribuer.

Lorsque l'assemblée générale des actionnaires, ainsi éclairée par des administrateurs agissant loyalement, aura reconnu qu'il n'y a pas de reproche à leur adresser, lorsque les actionnaires se seront soumis à cette conséquence d'une distribution illégale, il n'y aura pas besoin de prescription pour protéger les administrateurs, il y aura un fait des actionnaires qui pourra être considéré, selon les circonstances, comme la ratification de ce qu'auront fait les administrateurs; dans ce cas, ceux-ci n'auront plus rien à craindre.

Supposez le cas inverse : supposez que les administrateurs, après avoir fait une distribution de dividendes qui n'étaient pas réellement acquis à la société, soient parvenus à dissimuler cette faute, non pas un ou deux ans, mais pendant plusieurs années, sans qu'on ait reconnu non pas la fraude, mais la faute, pourra-t-on repousser l'action légitime des actionnaires, en leur disant : Il y a cinq ans écoulés depuis que nous avons fait cette distribution illégale, par conséquent votre action est prescrite? Personne ne pourrait vouloir que, dans cette hypothèse, l'action des actionnaires fût paralysée.

Je résume ce que j'ai eu l'honneur de vous dire.

Quand il s'agit des actionnaires agissant contre les administrateurs, ce sont les principes généraux du mandat qui sont applicables : l'action du mandant contre le mandataire dure trente ans; l'administrateur est un mandataire, par conséquent il est soumis à une action prescriptible seulement par trente ans. Est-il dû une faveur spéciale à l'administrateur qui a commis une faute grave en distribuant des dividendes qu'il ne devait pas distribuer? Je soutiens qu'aucune espèce de faveur ne lui est due.

Maintenant, reprenons les deux hypothèses que j'ai examinées et voyons si, dans la pratique, il y a un danger sérieux dont les administrateurs puissent s'effrayer; car, je les vois constamment sous l'empire de terreurs imaginaires.

De deux choses l'une : ou ils ont rendu un compte fidèle de ce qui s'est passé, ils ont averti les actionnaires que le dividende qui a été distribué dans une année antérieure n'aurait pas dû l'être; dans ce cas, les actionnaires éclairés recevront ou ne recevront pas un nouveau dividende; ils reconnaîtront qu'ils n'auraient pas dû recevoir celui qui leur a été distribué l'année précédente. Dans ce cas, leur adhésion, si elle est formelle, rendra impossible toute action contre les administrateurs. Voici l'autre hypothèse : les administrateurs auront dissimulé la faute qu'ils ont commise, ils auront tenu, pendant plusieurs années, les actionnaires dans l'ignorance, ils auront caché qu'ils ont distribué des dividendes qu'ils n'auraient pas dû distribuer; dans ce cas, je suis persuadé qu'il suffit de signaler le fait à l'attention de la Chambre pour qu'elle ne soit pas disposée à adopter la proposition d'établir une courte prescription spéciale pour protéger les administrateurs.

M. DE SAINT-PAUL. Je veux parler non de la prescription, je regarde cette question comme épuisée par la discussion, mais du fond même de l'article. Sur cet article il y a des commentaires qui ont été faits par la commission. J'y remarque ce passage : « Une faute grave, certaine, suffirait donc pour l'application de la disposition, même alors que la bonne foi du distributeur serait présumable et constante. »

Eh bien ! je n'ai jamais vu dans aucun texte de loi un pareil commentaire ; il faut n'avoir jamais fait un inventaire pour venir rendre quelqu'un responsable d'une erreur faite de bonne foi dans un inventaire.

Voici ce que dit le tribunal de commerce à l'occasion de l'inventaire : « Des arrêts récents n'ont que trop attesté les hésitations d'interprétations que comporte un sujet aussi délicat que celui de l'appréciation d'un inventaire ; et nous pensons que l'exigence manifestée de la part de la loi, si elle était maintenue, serait pour les commerçants une cause d'insurmontable effroi. »

Quand on fait un inventaire, on est fort embarrassé. Je parle de ceux qui en ont fait et non de ceux qui seulement en ont lu. Il y a des négociants ici, eh bien ! je les adjure tous de dire si de la meilleurs foi du monde on ne peut pas faire un inventaire qui contienne des erreurs. Il faut supposer un administrateur de bonne foi, sans cela il n'y a pas de discussion possible.

On fait des inventaires. Je vais citer quelques espèces et prouver la difficulté de faire un inventaire comme on voudrait qu'il fût fait.

Voici une affaire de mine. Vous sondez le terrain, et vous voulez avoir une exploitation. Vous êtes une société métallurgique, qui en même temps a des puits de mine. Vous ouvrez des puits, vous dépensez 100,000 francs. C'est la première année; vous n'êtes pas encore arrivés au charbon. Vous allez ouvrir un compte de travaux neufs. Je suppose que l'année d'après, vous renonciez à vos recherches parce que vous n'avez pas réussi; votre société s'arrête, et n'attend pas que d'autres inventaires vous permettent de rétablir l'équilibre. Vous avez distribué un dividende en faisant figurer à votre inventaire, de très-bonne foi, 100,000 fr. de travaux de recherche. Ils sont perdus. La liquidation arrive, et on trouve que vous avez reparti en ayant à l'actif une somme de 100,000 francs que vous ne retrouvez pas. Vous l'avez fait de très-bonne foi, il ne peut pas y avoir de responsabilité pour cela. (Interruption.) Ce n'est pas possible...

Maintenant, vous avez acheté un brevet d'invention. (Bruit.) Je vous demande pardon, cela vaut bien la peine d'être discuté, même à la fin de votre session... (Parlez! parlez!) Dans une loi comme celle-ci, il est bien permis quand un article résume toute la responsabilité, de venir à cette occasion s'expliquer. (Parlez!)

Vous avez acheté un brevet d'invention. Je vous pose des espèces; c'est pour mieux faire comprendre la question. Vous avez acheté un brevet d'invention 25,000 fr. Vous ne l'auriez pas acheté 25,000 fr. si vous l'aviez cru mauvais. Vous l'achetez, vous le faites figurer à votre inventaire. Vous ne l'amortissez pas l'année même où vous l'achetez. Il y a douze ans à durer, vous êtes des gens prudents et vous vous réservez de l'amortir en six ans. C'est ce qui se fait dans les sociétés les plus morales et les plus honnêtes. Il se trouve que votre brevet ne réussit pas, que l'année suivante vous y renoncez, soit parce qu'il ne vous a pas donné les résultats que vous espériez, soit parce qu'on a trouvé quelque chose de mieux. Eh bien, alors, vous êtes obligés de changer les écritures et de passer la somme à profits et pertes. Vous avez fait des modèles de machines; les modèles de machines content cher. Vous n'amortissez pas cette dépense la première année, vous l'amortissez en trois ou quatre ans : il ne faudra pas qu'on vienne dire que vous avez fait de faux inventaires, parce que vous avez laissé figurer une partie de la dépense que les modèles vous ont coûtée. Et quand on vous dit que la bonne foi ne sauve pas, ce n'est pas une observation juste; je n'ai jamais vu que la bonne foi ne sauve personne; la bonne foi doit sauver tout le monde, surtout quand il n'y a pas préjudice causé. Or, quand il n'y a préjudice ni dans le fait, ni dans l'intention, c'est de la bonne foi.

M. Du Miral, *rapporteur*. Je me suis expliqué sur ce qui, dans les observations du préopinant, ne se rattache pas d'une manière essentielle à la question dont vous êtes saisis; j'aborde le fond de l'art. 27.

Que reproche-t-il et à l'article et au rapport? Il leur reproche de dire que la responsabilité pourra atteindre les administrateurs à raison d'une faute grave, d'une faute certaine, même alors que l'administrateur aurait été de bonne foi. Il voudrait, car, la portée de son observation c'est que toutes les fois que la mauvaise foi de l'administration ne sera pas prouvée, la faute même la plus lourde, même la plus grave... (Interruption.)

C'est la conséquence nécessaire de votre observation; il faut pour que vous ayez raison, que la bonne foi puisse protéger toujours, il faut qu'elle puisse protéger même contre la faute grave. Notez que dans le rapport il a été très-clairement expliqué, le rapport devait être explicite, que la bonne foi ne suffisait pas pour protéger; mais nous nous sommes bien gardés de dire qu'il suffirait d'une faute imperceptible, d'une faute minime, pour que la responsabilité prit naissance. Ce n'est jamais ainsi que les tribunaux ont apprécié la responsabilité des mandataires. La jurisprudence la plus certaine et la plus positive ne voit une faute donnant lieu à la responsabilité que dans une faute grave. Il faut que le mandataire, que l'administrateur n'ait pas donné à l'affaire dont il était chargé des soins qu'un père de famille donne ordinairement à sa chose propre; et en matière de société la jurisprudence est encore plus indulgente habituellement, parce que le sociétaire administrateur, ayant des intérêts personnels dans la chose sociale, est plus facilement présumé avoir apporté à la chose dans laquelle il a lui-même un intérêt, les soins qu'un propriétaire est présumé toujours apporter. La responsabilité ne sera donc encourue, ceci est bien entendu, que lorsque la faute sera certaine, que lorsque la faute sera grave, les commissaires du Gouvernement vous l'ont dit, de la manière la plus positive, dans les dernières observations qu'ils ont présentées.

Et maintenant, est-ce qu'il n'est pas sensible que la responsabilité des administrateurs est une responsabilité légitime? Voyons! est-ce que c'est une innovation que nous faisons? est-ce que c'est une dérogation au droit commun? Qu'on lise les titres du mandat, des sociétés civiles, l'article 32 sur les sociétés anonymes. Vous verrez écrit partout, de la manière la plus nette, ce principe de la responsabilité des administrateurs, des sociétaires, des mandataires, pour les fautes qu'ils commettent. Pourquoi voulez-vous qu'il en soit autrement dans les sociétés anonymes libres, les sociétés à responsabilité limitée? Mais si vous proclamiez d'une manière absolue que les fautes ne pourraient pas être poursuivies, vous ouvririez la porte à deux battants à toutes les fraudes.

Il faut, pour que le fait qui donne lieu aux répressions pénales prévues par les derniers articles du projet puisse être poursuivi, il faut que les faits coupables aient un caractère non-seulement certain, mais positif, et, en quelque sorte, actif. Mais supposez dans un inventaire une omission grave, qu'on n'ait pas porté au passif une dette considérable, la faute sera lourde; comment établira-t-on la mauvaise foi? S'il faut que la mauvaise foi soit établie, quelle sera la possibilité de la répression?

Je n'ai pas besoin de développer cette idée; il tombe sous le sens que la responsabilité des fautes est un principe tutélaire, nécessaire, et que, si on faisait disparaître ce principe, la mauvaise foi pourrait agir en toute sécurité sans que dans une foule de circonstances on pût parvenir à la constater.

Faut-il maintenant que je m'explique sur les exemples qu'a cités l'honorable M. de Saint-Paul? Il a parlé d'une société de mines dans laquelle on avait fait figurer sur les comptes des galeries qui n'avaient pas été utilisées. Mais les travaux qui n'avaient pas abouti à un résultat productif évidemment ne devaient pas donner lieu à des distributions de dividendes. Il a parlé de brevets d'invention qu'on soumettait à des expériences. Est-ce que dans cette période d'incertitude, avant que des résultats fussent acquis et les bénéfices certains, on pouvait distribuer des dividendes? Sans doute, il arrivera quelquefois, et je ne le nie pas, qu'une certaine difficulté pourra se présenter pour la rédaction de quelque partie d'un inventaire; mais lorsque la difficulté sera sérieuse et lorsque l'inexactitude de l'inventaire ne résultera que d'une dépréciation postérieure qu'on ne pouvait pas prévoir, dans ce cas là il va de soi, il est parfaitement entendu que cette inexactitude de l'inventaire, ne datant pas du moment même où il aura été fait, ne constituera ni faute, ni responsabilité ; la faute ne peut en effet dépendre d'événements qu'on n'avait pas pu prévoir; ce qui est punissable, c'est l'inexactitude, dont on pouvait s'assurer au moment où l'inventaire a été dressé. Il ne pouvait pas en être autrement sans qu'on arrivât à créer pour les sociétés nouvelles une situation complétement exceptionnelle. Si on était arrivé à ce résultat d'innocenter la faute qui consiste dans la distribution de dividendes fictifs, il est évident qu'il fallait proclamer d'une manière absolue que les administrateurs n'étaient jamais responsables hors les cas de fraude.

Je n'en dis pas davantage, Messieurs, sur cette prétention de faire disparaître la responsabilité inhérente aux fautes graves, sous prétexte qu'elles auraient pu être commises de bonne foi. Ce système a été examiné dans le rapport de la Commission avec assez de soin pour qu'il ne soit pas nécessaire de m'étendre davantage.

M. Gouin. Je désirerais que MM. les commissaires du Gouvernement voulussent bien répondre à cette question : la responsabilité des administrateurs sera-t-elle plus grande dans les sociétés à responsabilité limitée qu'elle ne l'est dans les sociétés anonymes?

M. Vuillefroy, *commissaire du Gouvernement*. Non; nous voulons qu'elle soit absolument la même, et c'est pour cela qu'une prescription exceptionnelle n'a pas été admise.

M. Javal. Je constate que la question de bonne foi a été réservée.

M. Vuillefroy, *commissaire du Gouvernement*. Ce sont les tribunaux qui sont juges. (Aux voix! aux voix!)
L'art. 27 est adopté.

M. Josseau. Messieurs, je ne viens pas discuter l'art. 32; je viens seulement, avant que la Chambre passe au vote général de la loi, demander la permission de faire une observation finale, et d'émettre un vœu. La loi qui va être votée par la Chambre ne sera assurément pas parfaite, elle aura besoin d'être remaniée. Or nous avons déjà plusieurs lois spéciales, distinctes et en dehors de nos codes, sur les sociétés; nous avons la loi de 1856 sur les commandites, la loi actuelle qui crée des sociétés à responsabilité limitée; je demande que, lorsque l'expérience aura démontré la nécessité d'une nouvelle étude de cette matière, ce soit par voie de révision complète... (Interruption.)

Je m'explique: Je demande qu'au lieu de nous présenter une nouvelle loi spécia'e, le Gouvernement procède par voie de révision du titre des sociétés dans le Code de commerce, de manière à encadrer, comme il l'a fait récemment pour le Code pénal et pour le gage commercial, les nouvelles dispositions dans les grandes divisions du Code. Je demande enfin qu'un semblable procédé soit appliqué à la révision du titre des sociétés civiles, dont il est traité dans le Code Napoléon, de manière à mettre le régime de ces sociétés en rapport avec les besoins nouveaux qui se sont produits, en évitant ainsi une foule de difficultés et d'incertitudes que la jurisprudence rencontre dans l'application des lois spéciales placées à côté de la loi générale, et en respectant l'admirable harmonie de nos codes.

(L'art. 32 est mis aux voix et adopté.)

Il est procédé au scrutin sur l'ensemble du projet de loi.

Le dépouillement du scrutin donne le résultat suivant :

Nombre de votants..................	229
Majorité absolue...............	115
Pour	206
Contre.	23

Le Corps législatif a adopté.

TABLE

ANALYTIQUE DES MATIÈRES

———

Paris. — E. Donnaud, imprimeur de la Cour impériale et des Tribunaux, rue Cassette, 9.

Paris. — Imp. E. DONNAUD, rue Cassette, 9.

www.ingramcontent.com/pod-product-compliance
Ingram Content Group UK Ltd.
Pitfield, Milton Keynes, MK11 3LW, UK
UKHW022037070726
13613UKWH00002B/549